光尘
LUXOPUS

最温柔的
教养

做温和而坚定的父母，
让爱在对话中流动

[韩]吴恩瑛 著

[韩]车尚美 绘

张梦蕊 译

中信出版集团

图书在版编目（CIP）数据

最温柔的教养：做温和而坚定的父母，让爱在对话
中流动 /（韩）吴恩瑛著；（韩）车尚美绘；张梦蕊译
. -- 北京：中信出版社，2021.9（2025.4 重印）
ISBN 978-7-5217-3367-9

Ⅰ.①最… Ⅱ.①吴… ②车… ③张… Ⅲ.①家庭教
育－语言艺术 Ⅳ.①G78

中国版本图书馆CIP数据核字（2021）第 142651 号

最温柔的教养——做温和而坚定的父母，让爱在对话中流动
著者：　　[韩]吴恩瑛
绘者：　　[韩]车尚美
译者：　　张梦蕊
出版发行：中信出版集团股份有限公司
　　　　　（北京市朝阳区东三环北路 27 号嘉铭中心　邮编　100020）
承印者：　北京中科印刷有限公司

开本：880mm×1230mm 1/32　　　印张：11.5　　　字数：120 千字
版次：2021 年 9 月第 1 版　　　　印次：2025 年 4 月第 58 次印刷
京权图字：01-2021-4438-1　　　　书号：ISBN 978-7-5217-3367-9
　　　　　　　　　　　　　　定价：59.00 元

为了我爱的＿＿＿＿＿＿，

＿＿＿＿＿＿会坚持练习

"父母的说话之道"。

"你和孩子都会做得很好的。"

自序

孩子和我之间的1°，
细微变化的开始

- 正文中部分语言为口语表达。
- 虽然本书所介绍的内容适用于照看孩子的所有人群，但为行文方便，暂将读者设定为
  父母。

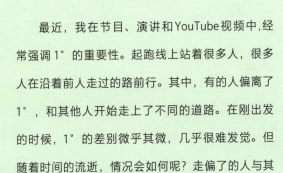

最近，我在节目、演讲和YouTube视频中，经常强调1°的重要性。起跑线上站着很多人，很多人在沿着前人走过的路前行。其中，有的人偏离了1°，和其他人开始走上了不同的道路。在刚出发的时候，1°的差别微乎其微，几乎很难发觉。但随着时间的流逝，情况会如何呢？走偏了的人与其他人会有何不同呢？

育儿是一件很辛苦的事情。虽然父母都无比地爱自己的孩子，但是并不会因为爱就不觉得辛苦。父母都想好好教育孩子，这是我们内心深处怀有的赤诚。但是有时事情却不那么顺利。育儿并不会仅仅因为父母对孩子的爱就能一蹴而就。当我遇到很久不见的家长们，经常会听到他们这样说："读您的书感觉都明白了，看也看明白了，听也听明白了，但到了真正要实践的时候，还是会按照自己以往的方式来。"父母已经很努力在学习了，为何还总是按照以往的方式对待孩子呢？我们为何总是想要走前人走过的路呢？

我思考了很多在育儿过程中能够引发1°变化

的方法，希望能给艰难的育儿带来实质性的帮助。用1°的变化，收获最大成果的方法究竟是什么呢？那就是"话语"。在育儿过程中，最重要的一点就是"父母应该如何对待孩子、帮助孩子"。为了更好地帮助孩子，我们还要思考"父母应如何指导孩子、教育孩子"。但是这些最终都是要通过"话语"来实现的。我们每一天都在跟孩子说话，即使说话之道稍微改变一点，育儿的成效也会大有不同，孩子和父母都会发生很大变化。

但是，说话之道转变1°，却不是一件容易的事情。我们在日常生活中一直在说话，但"话语"恰恰是世界上最难改变的东西。父母是最擅长"教育"的人，也是世界上最努力的人，他们一旦发现过去的教育方法有误，便会立刻努力改正。通常来说，当我们劝说别人做出改变时，先想到的是自己会有什么收益。但是父母的努力，只是源于对孩子无私的爱。因此，我常常想，这世界上没有人能像父母一样拥有改变的力量。

父母的存在是非常珍贵的，即便是不出色的父母、不会做饭的父母、不会陪孩子玩耍的父母、不理解孩子内心世界的父母、经常大吼大叫的父母，

对孩子来说，父母的陪伴也是最重要的。父母为了孩子一直在努力。你看，此刻的你不是也正在努力学习这本书吗？父母坚持不懈地努力着，这是最重要的。

本书是关于说话之道的书籍，但我们不讲说话的重要性，我会具体跟大家分享与孩子相处的日常中实用的案例，让各位在面对不同的情境时，能够使用更恰当的语言来表达。育儿过程中，我们经常会遇到不知该如何表达的情况。因此我想到写一本书，像学习外语口语一般，教大家"育儿口语"。即便是很简短的话语，只要坚持出声练习，渐渐地，听得习惯了，说起来也就自然多了。育儿也是一样的，如果各位父母每天都用这本书好好练习，总有一天，你会自然而然地说出最恰当的话。

本书前半部分主要由易于跟读的短句构成，越往后语句越长，内容也更具体，表达也有更多个人发挥的空间。孩子的年龄层从幼儿期到青少年期，父母在孩子各年龄阶段所需的说话之道均有涉及。

写这本书的时候，我有一个担忧，我呼吁大家一起出声朗读，但是起初你可能会觉得很尴尬，也会有人不喜欢我说话的方式。因此，并不一定非要按照本书提供的语句对孩子说话，"话语"，并没有标准答案。本书只是为了帮助大家在生活中更好地实践，出声朗读书中的句子，多做练习，久而久之，你就会熟悉书中的表达方式，进而自然地形成自己独有的说话之道。在那之前，请先用本书中的句子进行练习吧。但是，读完本书后，你也可以不改变自己的说话方式，只要能产生"啊，我对孩子说的话原来有这层意义啊"或是"这样说会更好"之类的感悟就足够了。我相信，怀着这样的热情，你一定会找到更好的表达方式，你与孩子之间的关系也会变得更加和睦。现在，从我们所在的位置各自调转1°，五年后、十年后、二十年后，我们的目的地会大相径庭。今天迈出小小的一步，1°的变化慢慢积累，各位的人生和亲子关系也会焕然一新。希望本书能成为各位开始改变的起点。

吴恩瑛

目 录

Chapter 3

温暖人心
的"理解"

我们常用熟悉的方式对待孩子,因为熟悉会带来安全感。但同时，熟悉也会掩盖新的问题。我们总是觉得，很多人和自己一样，不断重复熟悉的方式，所以并无大碍。但如果我们沉溺在熟悉所营造出的安逸中，就很难做出改变。

在我们教育孩子，或是与他人相处的过程中，熟悉的方式并不一定是好的方式。因为我们在用这些熟悉的方式关爱孩子的同时，可能也会伤害孩子。

请退一步，抛开那些自然而然说出的熟悉的话语。如果总是重复同样的模式，结果永远都不会发生改变。

有些话太生涩，现在的你可能无法开口表达。但就像融化口中的糖块那样，请转动一下你的舌头、活动一下你的嘴巴。就像让糖分渗入体内一样，让这些陌生的话语也在你的心里扎根吧。

请出声跟我一起说。

用听说过却很生涩的表达，
代替熟悉的话语

"有你这样的孩子，我真的很幸福。"

在告白或结婚的时候，我们都会收到某种珍贵的信物。我们会把镶有精致钻石的戒指放进柜子深处，妥善保管，悉心珍藏。偶尔也会拿出来小心翼翼地擦拭，使其重新焕发光泽。哪怕产生细微的瑕疵，我们也会伤心不已。

而我们的孩子，是比这信物更加珍贵的存在。然而有些父母却会做出与"小心呵护"相悖的举动，对着如此珍爱的孩子吹胡子瞪眼，大声训斥。

请不要掩饰你对孩子的爱意，请直接告诉孩子，你有多爱他。当看到酣睡的孩子从梦中醒来，轻轻睁开双眼时，请向他诉说你的爱意，孩子会一生铭记。

来，大声地读出来：

> "有你这样的孩子，爸爸真的很幸福。宝贝，我爱你。"
> "每当看着你，妈妈就会忍不住想：'哇，我怎么会有这么好的宝贝呢？'妈妈真的很幸福。"

我怎么会有这么好的宝贝呢?

　　请称呼孩子为"我的宝贝",并告诉他:"有你这样的孩子,我真的很幸福。"

　　这样的真心话,或许能够传递很重要的意义。

　　当孩子们第一次听到这样的告白时,可能不会有任何触动,甚至会感到难为情。但当他们听得多了,就会自然而然地相信,自己的存在本身就是很珍贵的。

"出去等我吧。"

咨询的时候，我往往会先约见孩子，再见家长。当我和家长们面谈的时候，孩子们需要在咨询室门外等待。这时，我会请家长们告诉自己的孩子："出去等我吧。"有的妈妈会大声地对孩子吼道："我让你出去等我！"那训斥般的语气就连我听了都不寒而栗；而有的爸爸则会用非常轻柔的语气拜托孩子："去外面等等我哦。"往往，除个别乖巧听话的孩子外，大部分孩子会耍赖，不愿意出去。

在这种情况下，家长应该用坚决又平和的语气，明明白白地告诉孩子。这可能会有点尴尬，但也请你鼓起勇气试着读一下吧：

> "等一会儿，出去等我吧。"

需要注意的是，这句话不要重复多次。很多时候，如果孩子没有立刻乖乖听话，家长们可能会再提醒一次，但用不了一分钟，家长们还是会选择说："我说了让你出去等我！"紧接着，就会开始训斥孩子："我不是说了让你出去等着吗！"家长们总是觉得反复强调更加有效，但事实并非如此。如果多次重复某句话，孩子们反而意识不到这句话的重要性，会把它当成耳旁风。

我们在日常生活中总是不停地说话，但有时，过多的话会把人际关系和实际情况搞得更复杂。要求孩子或者教育孩子的时候也是一样，想让孩子听话，只需说一次就好，这样反而更加有效。

Chapter 1
003

"不可以。"

曾经在我演讲的现场，有一位妈妈忧心忡忡地向我提问：
"我们每次对孩子说'不可以'的时候，会伤害孩子的自信心
吗？"大家觉得呢？当我们拒绝孩子的请求时，会打击孩子的
自信心吗？事实上并不会。相反，如果我们在应该说"不可
以"的时候犹豫不决，反而会大大削弱孩子的自信。并不是说
无条件地满足孩子的要求，他们的自信就会随之增强。孩子只
有在能够准确地辨别社会所允许和禁止的行为时，才能变得更
加自信、有底气。

当孩子的举动不合适时，家长应该明确地加以制止。但
是，家长在说"不可以"的时候，要注意语气，既不能太严
肃，也不能太小心。如果我们想着"得及时纠正孩子的坏习
惯"，或是要批评孩子时，语气可能会变得过于严肃；反之，
如果我们想的是"孩子因此讨厌我怎么办"或是"如果被拒绝
的话，孩子也太可怜了"，语气就会不由自主变得谨小慎微。

只有父母能教育孩子。但父母要做的不是训斥孩子，而是
要教会他们为人处世。只有怀着这样的态度，教育孩子的语气
才会恰到好处。

请一字一句、字正腔圆地朗读一下吧：

"不可以。"

我知道，许多家长在说完这句之后，想说的话还有很多，但请只说这一句吧。就算孩子不听话，甚至耍赖哭鼻子，也无须多言。因为在发生问题的时候，往往说得越多，错得越多。在这种情况下，训斥越多，反而对孩子的刺激就会越大，请简洁明了地传达最重要的信息。

另外，请家长们打消脑海中想要训斥孩子的念头。即便不训斥孩子，也能把孩子教育好；即便不训斥孩子，孩子也不一定会变得不懂事。你应该教育孩子，而不是只会训斥孩子。

"原来是这种心情啊！"

　　人在交流时会传达自己的感情，因此说出的话里往往包含着说话者的心情。孩子们尤其如此，他们说的话，往往会带着我们难以想象的多种感情。所以在大多数情况下，父母问孩子"你为什么会这样想呢？"是毫无意义的。

　　我们必须承认，产生这种心情的主人公是孩子。其实，无论是大人还是小孩，产生某种心情的主体都是自己本身。当孩子诉说自己的感情时，你只需要这样回应，请出声朗读下列句子：

> "啊，原来你是这种心情啊，
> 原来你是这样想的啊。"

　　有时，孩子们会哼哼唧唧地撒娇耍赖。我知道，很多父母担心，如果放任孩子这样的情绪，可能会养成坏习惯。其实不然，请不要早早地给孩子的未来下定义。

　　有的父母说："只有坏小孩才那样想。"

我想请问这些父母，您真的觉得自己的孩子是"坏小孩"吗？我想，大部分家长都会给出否定的回答。无论怎么想，自己的孩子都不是"坏小孩"。因此，家长们无须过于担忧。

　　但是，请不要误会，我所谓"认可孩子的情绪"并不等同于满足孩子的一切意愿。不能买给孩子的东西依旧不要买，不能做的事情也依旧不能允许他做。

"当时针走到这，我们就出发。"

我们上学的时候，课本每一单元的开头都有"学习目标"这个板块。"学习目标"指的是通过本单元的学习，我们想要收获什么。教育孩子也同样需要制定"教育目标"。

请不要过度紧张，我们只需要在问题出现的时候停下来，不要急着说什么、做什么，先思考一下，最需要教给孩子的是什么。通常，在一种情况下，只需要确定一个教育目标。

比如，要出门的时候，孩子慢吞吞地不好好穿衣服。请思考一下，此时要教给孩子的最重要的一件事是什么呢？在这种情况下，我们只需要教给孩子"在约定的时间内出门，不许迟到"就足够了。

你只需要告诉孩子："当时针走到这，我们就出发。你最好在那之前穿好衣服，如果时间到了，你还没准备好，爸爸就会直接抱你出去。"并不需要训斥孩子："你还不快点穿衣服吗？""你怎么不好好吃饭？""你要改掉一边吃饭一边看电视的毛病！"因为当下我们要教给孩子的不是这些，这些目标等以后慢慢实现就好了。

孩子可能会问："如果我穿不好衣服怎么办呢？"

此时，你只需要回答"那就拿着衣服出门"。在现实中，如果无法继续等下去，就提前告诉孩子，并按照自己所说的那样去做就可以了。

虽然在个别情况下，我们深思熟虑后决定的目标并不奏效，但比起同时制定多个目标，还是专注于一个更加有效。

请出声朗读下列句子：

> "当时针走到这，我们就出发。你最好在那之前穿好衣服，如果时间到了，你还没准备好，爸爸就会直接抱你出去。"

"当时针走到这，
我们就出发。"

14

孩子为什么会闯祸呢？

妈妈们经常问我："吴院长，我们家孩子为什么会这样呢？别人家孩子不这样啊……"

也就是说，父母会担心，是不是只有自家孩子会闯祸。

一般我会这样回答：

"这孩子是有点淘气，您认为这是个问题吗？"

"是啊，别人家的孩子不这样呢……"

"您觉得只有自己家孩子会闯祸，是吗？这的确是孩子的问题。"

"对吧？"

"嗯，但是孩子为什么会闯祸呢？"

"就是说啊，他到底为什么这样啊，他是不是有点奇怪？"

这时，我会对妈妈们说：

"这是因为孩子们在长大啊，他们是不断成长的生物啊。"

妈妈们听了这话，都会摸不着头脑，然后哈哈大笑。

"您看，人活在世上，总要跟世界交流。正是因为孩子们在长大，要发展到下一个人生阶段，而在这个过程中，会出现各种各样的问题。"

妈妈们又要问了：

"吴院长，人在长大的过程中都会闯祸吗？"

"当然啦，不闯祸的人生怎么能是鲜活的人生呢？是因为孩子们在成长啊。"

每当孩子闯祸时，请在心里想："啊，这是因为我的孩子在长大啊！"

我的意思并不是说因为育儿太辛苦，父母可以对孩子的问题一笑了之。而是当家长们怀抱着这样的念头时，心态可以变得相对平和。

当孩子闯祸时，如果一直想着"这孩子到底为什么这样"，就会急于当场把问题解决掉。但多数情况下，问题是无法当场解决的。不知为何，生活中遇到问题却无计可施的情况好像更多。那时候，别说保持心态平和了，有的家长甚至会因为急于解决问题而当场对孩子发火。如果在遇到问题的时候，家长们能够向后退一步看待问题，拍着自己的膝盖说"这是因为我的孩子在长大啊"，就可以保持镇静，不至于慌乱无措。

育儿的过程中会发生各种问题，谁的孩子都会犯错。此时，我们不用太着急，情况总会慢慢变好的。

"戴好口罩就能远离病毒，这很重要哦！"

　　戴口罩真的很憋闷吧？大人都觉得很不舒服，更何况是小孩子呢！疫情当前，人们必须戴着口罩进行问候和交流。但我们应该这样想：只要戴好口罩，就能大大降低感染概率，这是不幸中的万幸了！

　　当我看到小孩子戴着口罩走进咨询室时，就会问他们："是不是很闷呀？"孩子们往往会回答"是的"。此时，我会夸他们："这孩子乖乖戴着口罩呢！你真棒！"有的孩子会回答我："是因为疫情……"此时，我们只需要认同孩子的恐惧，并淡定地教他们小心应对就好了。

　　大声跟我朗读一下吧：

> "你很害怕吗？戴好口罩就能远离病毒，
> 这很重要哦，你已经做得很好啦。"

　　"不好好戴口罩你会死的！""会出大事的！"请不要用这样的话来吓唬孩子。用吓唬孩子的方式让他们听话是不可取的，这样父母的不安会传递到孩子身上。

　　我曾听到某位家长对孩子说："偶尔不戴口罩也行，没关系。"这同样也不可取。

　　这是因为，父母一定要教会孩子：谨慎地遵守安全守则不等于胆小怯懦，违反安全守则也不等于勇敢强大。

"戴好口罩就能远离病毒。"

"就算你（ ）也不能（ ）"

　　当父母不给孩子买玩具的时候，孩子会哭着耍赖。这时，父母应该告诉孩子："你很难过吧？但就算你哭，爸爸（妈妈）也不能给你买。"

　　当父母和他人讨论要紧事的时候，孩子会闹着要回家。这时，父母应该告诉孩子："我知道你不想待在这里，但就算你闹也要等我们谈完之后才能走。"

　　我们要教给孩子，就算他们哭闹、耍赖，也不能事事顺着他们的心意。在现实生活中，根据实际情况灵活运用"不可以""等一会儿"之类的表达就可以了。

　　大声跟我朗读一下吧：

> "你很难过吧？但就算你哭，爸爸（妈妈）也不能给你买。"
>
> "我知道你不想待在这里，但就算你闹也要等我们谈完之后才能走。"

还有一个小妙招，叫作"十字法则"。在关键时刻，我们对孩子下达的指令不超过十个字，才会奏效。在对孩子开口之前，请先在脑海中数一下自己要说的话有几个字。就算不是刚刚好，也请尽量控制在十个字左右，也可以粗略估算一下。根据以往的经验，在家长按照"十字法则"说话的时候，孩子们最容易乖乖听话。

"睡得好吗？早上好呀！"

　　早晨起来，孩子可能会赖床，眼看着上幼儿园就要迟到了。父母往往会说："呀！要迟到了！你快起床，我们得赶紧出发了，上幼儿园要迟到了！"是不是听起来很耳熟呀？

　　这种情况下，父母首先应该静下心来。只需十五分钟即可，深呼吸一次，静静端详呼呼大睡的孩子。神奇的是，我们能从孩子的鼻梁、嘴巴、睫毛上看到他们出生八个月大时，或是两周岁时的影子。我们的孩子，多么可爱呀。

　　接下来请说：

　　"睡得好吗？早上好呀！快伸个懒腰，我们要去幼儿园和小伙伴们一起玩啦！快起床！耶！"

你可以拍拍孩子的屁股，抓着他的腿亲亲他。由此，父母和孩子都能开启一个愉快的早晨。

可能有的家长会觉得难为情。但你还记得第一次为孩子读绘本/图画书时的尴尬吗？在话都不会说的孩子面前，绘声绘色地读童话故事，当时是多么难为情啊！但你们还是很快就适应了。如果没有为人父母，你们绝不会做这么幼稚的举动，但如今你们还是做到了。你们可以做到的，并且你会发现，这一点也不难。

"爸爸回来了，让我抱抱我的小宝贝们！"

当你结束了一天的工作，拖着疲惫的身体回到家中，就只想赶快洗澡歇着吧？但是孩子们却扑了过来。这时，绝对会有人因为疲惫，想把孩子们从自己身上扒拉开。但疲惫是你自己的事，孩子们一整天都在家里眼巴巴地等你回家呢。这时，你应该对孩子说："爸爸回来了，让我抱抱我的小宝贝们！"孩子们会因为这句话而感到快乐。当孩子们飞奔着扑进你怀里的时候，请张开双臂紧紧拥抱他们。温馨的日常点滴会汇集成日后长久的幸福，不仅孩子会感到幸福，父母们也会一直铭记这个瞬间。

我曾遇到过一位父亲，虽然他内心很爱自己的孩子，但由于不善言辞，他回到家里几乎不多说一句话，也鲜少与孩子肢体接触。我紧握住他的手，问道："这就是人和人之间相联结的意义，您感觉如何呢？"这位父亲回答："蛮……好的……"我让他跟我读本书开篇那句"有你这样的孩子，我真的很幸福"，这位父亲当场哽咽。

话语的功能是进行心与心之间的交流。请出声朗读下列句子：

"爸爸回来了，让我抱抱我的小宝贝们！"

我很清楚，每位父母都无比地爱自己的孩子，但是爱需要表达。如果不表达，孩子就无法知道。如果不表达，久而久之，父母本人可能也会忘记。

"爸爸回来了，让我抱抱我的小宝贝们！"

25

"你已经尽了最大的努力，你真的做得很好！"

　　我曾遇到过这样一位妈妈，由于脾气比较火暴，曾经动手打了自己的孩子。她曾哭着对我说："吴院长，我好像没有做母亲的资格。"不论是父母还是老师，谁都不能不分青红皂白地打孩子。这位妈妈打孩子的行为的确不对，但也不至于丧失了"做母亲的资格"。

　　很多父母，尤其是妈妈们，在教育孩子的过程中犯了一点小错就会担心失去"做母亲的资格"。我身边常常有人谈论"成了妈妈后……""母亲的资格"等话题，每每听到这些，我都火冒三丈。妈妈就是妈妈啊，哪里需要什么"资格"呢?

　　不过，打孩子的确不对。这时，家长应该好好想想，究竟为什么要对孩子动手呢? 要找到原因，好好改正，争取不再发生类似的事情。许多写子女教育问题著作的作家，或是在社交网站上分享育儿经验的网红博主，会因为有些妈妈没教育好孩子而指责她们没有"做母亲的资格"，我认为这是不值得提倡的。

　　试想一下，有辆车向着你的孩子驶来，你会怎么做呢? 大概想都不用想，你就会奔向自己的孩子。哪怕是平时不会哄孩

26

子的妈妈、不会给孩子营养均衡地做饭的妈妈，又或者是每天对孩子发脾气的"火暴妈妈"，这一刻都会毫不犹豫地用自己的身体去保护孩子，这几乎是一种本能。如果因为救孩子而受伤甚至死亡，你会后悔自己的决定吗？我想，即便再次发生同样的状况，妈妈们还是会做出同样的选择。你看，母亲就是这样的存在。

只要有这样爱孩子的心，孩子就会好好长大成人的。只要不去做不应该做的事，凭借对孩子的满腔爱意，我们可以解决很多问题。所谓父母，是一种什么样的存在呢？其实就是怀抱着对孩子无限的爱意，在一次次的失败和摸索中，陪着孩子一起成长。

请出声朗读下列句子：

"今天你很累吧？但是你已经尽了最大的努力，你真的做得很好！"

每晚入睡前，都这样对自己加油打气吧。

今天你也辛苦了。

不要试图去操控别人的心情

妈妈带着孩子去了游乐园。每次来到游乐园的礼品店，孩子总会闹着要买玩具。于是今天去游乐园之前，妈妈和孩子约好不买任何玩具。

一家人玩得很尽兴，但要离开的时候，孩子却提出想进礼品店逛一逛。妈妈觉得有点不安，但孩子说了只是看看，并不买玩具，于是他们还是走了进去。但孩子就是孩子，他又开始闹着买玩具了。这时妈妈就会斩钉截铁地说："咱们不是说好不买吗？不行！"孩子撒娇多次无果，最终被妈妈拽了出去。

一直快到游乐园出口的地方，孩子还是闷闷不乐，他慢吞吞地走着，被甩在了大人身后，嘴巴噘得老高，像只小鸭子。尽管妈妈多次催促："你快点跟上！"孩子还是无精打采，像盛夏柏油马路上逐渐融化的麦芽糖。妈妈实在看不下去，对孩子大声吼道："快过来！你真是太不像话了！你说要来游乐园，我就带你来了，还没玩够吗？都说好了不买玩具，你怎么这样？下次我再也不带你来了！"妈妈大步走向孩子，用力地拽着他的胳膊把他拖了过来。孩子噘着的小嘴一瘪，终于哇哇大哭着说："我以后不来游乐园了！再也不来了！呜呜呜……"妈妈又会说："你有什么好哭的？我可都听见了，你说的，以后不会再来了。"

再讲一个故事。有个女人最近消费超支，决心要省吃俭用。有一天，她和闺蜜们去逛街的时候看中了一双漂亮的凉鞋，一看就非常舒服且价格实惠。但她突然想到："不行，我不能再花钱了。"于是她没有买下那双凉鞋，直接回了家。女人对下班回家的丈夫说："老公，我好喜欢那双凉鞋，穿起来一定很舒服，可能以后会打折吧，等打折了再去买。"谁知丈夫却阴沉着脸看着她说："你是小孩吗？你不清楚咱家的情况吗？明明知道不行，干吗还一直说个没完？"女人的心情一下子跌落谷底。

我经常说，我的心我做主，自己的想法是由自己来掌控的，关键是最终的决定。只要很好地控制住自己的欲望，在现实可承受的范围内做出最后的抉择就可以了。其实，第一个故事中的小孩和第二个故事中的女人，都做出了正确的选择。虽然孩子闹着不回家，但并没有在地上撒泼打滚，也没有买下那个玩具；而女人也没有买下心仪的凉鞋，而是直接回了家。这就够了。妈妈只需要对孩子说："你这么想要那个玩具啊？"然后拉着他离开即可；而丈夫也只需要对妻子说："看来你真的很喜欢那双凉鞋呢！"这就可以了。

我们总想去操控他人的心情，尤其是自己亲近的、重要的人。孩子没有买到喜欢的玩具时的伤心失落，女人没有买下心仪的凉鞋就回家的惋惜和遗憾，我们需要理解这种心情。我们没有办法操控别人的心情，也不能被他人操控自己的心情。心情只能由自己来控制。

控制心情原本指的是，消化不愉快的情绪，使心情恢复平静。但操控别人的心情却不然，我们只是想要阻止对方宣泄情绪，只是想让对方不再喋喋不休，不再无休无止地吐露自己的难过和遗憾。因此，我们会发脾气，堵住对方的嘴，或是扯着嗓子跟对方讲道理，有时还会指责他、制止他，甚至哀求他。

我们究竟为什么想操控他人的情绪呢？这是因为，当我们听到对方诉说内心的不快时，我们的心情也会受到影响。看着对方的神色，听着对方说的话，我们的心情会变得不好。因为我们听不下去了，只有让对方停止情感宣泄，我们自己的心情才能保持愉悦，这其实是一种精神压制。

我们应该允许自己和他人释放内心的情绪，只需要静静体会情绪的波动就好，只有允许情绪波动，才能清楚地看见自己的内心。每个人都是这样，只有看清楚自己的内心，才能消化情绪波动，恢复内心平静；只有了解他人的内心，才能知道下一步应该怎么做，在遇到问题的时候我们才能意识到：

"啊，原来我现在很不安啊!"

"啊，原来孩子现在心情很不好啊，我应该多给他一点时间消化。"

Chapter 1
011

"那也要洗澡！"

　　有的家长在给孩子洗澡的时候会发脾气。当孩子不愿意洗澡而拖拖拉拉的时候，有的父母讲完道理就会生气地大声训斥。带孩子去洗澡时，我们不需要多费口舌，只需要对孩子说"走，去洗澡了"，然后抱起他去浴室即可。洗澡的时候，我们可以夸孩子"哇，真漂亮，我们宝贝的小脸蛋白白净净在发光呢"，然后快速地洗完出来即可。就算孩子挣扎哭闹，也要赶快给他洗完，对他说一句"现在洗好啦"，再让他离开浴室。

　　等孩子稍长大些，会因为嫌麻烦而不想洗澡。这时，家长需要告诉孩子："那也要洗澡，妈妈在一旁帮你。"然后再把孩子带进浴室，快速地帮他洗完。洗澡的时候孩子可能会不配合，但无须多言，只需要在洗好后，夸他一句："哇，真漂亮，你真棒！"这就可以了。

　　请出声朗读一下吧：

"那也要洗澡，妈妈在一
旁帮你。""哇，真漂亮，
你真棒！"

　　在这种情况下，请只说有用的话。说太多的话反而会消耗
家长和孩子双方的精力。我称这种不必要的话为"白费口舌"，
如果白费太多口舌，往往达不到想要的效果。原本需要说的话
忘记说，只剩下哭闹的孩子和发火的父母。要想避免这种白费
口舌的情况，就不能忘记当下的关键。在这种情况下，关键在
于教会孩子"就算你不愿意，也要洗澡"。

"妈妈帮你挑出来，好好吃饭吧！"

很多小孩不喜欢吃黄豆，哪怕碗里只有几颗，孩子也要一颗一颗挑出来。这时你可以对孩子说："好吧，今天妈妈帮你把黄豆挑出来，你放心好好吃饭吧。其实吃习惯了你会发现，黄豆也是很好吃的。"

有的家长可能会担心，我们可以放任孩子这样任性吗？但在孩子还小的时候，比起担心这个，更重要的是解决当下的问题，以后再担心其他问题也来得及。只有让孩子感受到今天的饭很好吃，之后他们才可能愿意尝试以前不喜欢的食物。如果父母凶巴巴地逼着孩子吃，孩子可能会更加讨厌这种食物。

请出声朗读下面的句子：

> "好吧，今天妈妈帮你把黄豆挑出来，
> 你放心好好吃饭吧。
> 其实吃习惯了你会发现，
> 黄豆也是很好吃的。"

父母经常会对挑食的孩子讲"辛苦的农民伯伯"或"饱受饥饿的非洲孩子"的故事，但我认为，这并不值得提倡。对孩子强调这些与道德和伦理有关的标准，虽是出于好意，但却可能会让孩子产生负罪感。在出现问题的时候，要尽量简洁地表述，教给孩子事情的合理性和正当性，而不是让孩子感到委屈。

　　你可以这样说："其实很好吃的，但是你现在还不喜欢吃吧？爸爸理解你，但是你以后不能这么挑食，这也是我们人体所需要的食物哦。"

　　那么，跟孩子说"今天就吃一口"怎么样呢？这其实也是在逼孩子，虽然这可能是出于父母对孩子的爱和想要教好孩子的心情，但这句话的本质却不是教育，而是父母想在和孩子的拉锯战中取胜。这句话和"你现在立刻给我吃掉"的本质是一样的，都是想"制服孩子"。这样逼孩子的话，孩子也许嚼都不嚼就囫囵吞进去，那又有什么意义呢？

"等你哭完了再说。"

在父母眼里，孩子总会毫无缘由地闹脾气。这时，有的父母会问："你为什么闹脾气啊？"

有时，孩子会因为父母无法理解的原因大哭。这时，有的父母会问："你哭什么啊？到底为什么哭？"这话听起来很熟悉吧，几乎是我们本能般脱口而出的话。

但是，父母当真不知道孩子为什么哭吗？因为不合心意、因为父母不给买玩具、因为父母不让玩手机……父母当然知道孩子大哭之前发生了什么。

孩子哭是在宣泄自己的情绪，所以问为什么哭是毫无意义的。孩子感受到了某种情绪，把它表达了出来，父母却问为什么感受到这样的情绪，这要孩子如何作答呢？就跟你在某种场合感到伤心而流眼泪，别人却来问你为什么伤心是同样的情况。

情绪是每个人自己固有的一方天地。如果你问正在发怒的人为何生气，大多数人会回答："我怎么能不生气呢？"可当气消了之后，很少有人能从逻辑的角度出发，分析自己刚才生气的原因。

当孩子闹脾气或大哭的时候，父母为什么会手足无措、感到不适，甚至会觉得受不了呢？这是因为我们受到了他人情绪的影响。即使这种情绪是负面的，也是属于情绪发出者本人的。所以我们没必要对他人释放的情绪做过多反应。

请出声朗读一下吧：

"哎哟，真是个爱哭鬼呢，

尽情地哭吧，没关系，

等你哭完了再说。"

然后就静静地等待吧，这样说孩子就能够镇静许多了。

"妈妈也觉得和你在一起的时候最开心了！"

　　当幼儿园放假一段时间之后重新开学时，孩子常常会问："妈妈，我不想去上幼儿园，我能和妈妈一起待在家里吗？"这时，父母无须过于严肃，以一颗平常心去对待就可以了。

　　你可以回答："妈妈也想和你待在家里，妈妈也觉得和你在一起的时候最开心了！"虽然孩子听到这话，可能会马上开心地说："那我就不去上幼儿园了！"这时，你应该告诉孩子："等周末我们再一起待在家里吧！"如果孩子问原因，请告诉他："妈妈也要努力工作呀，我们各自都有要努力去做的事情。但是，你要知道，比起工作，妈妈更喜欢和你待在一起。"

　　请不要对孩子说："妈妈也想陪着你，但如果妈妈不去赚钱的话……"孩子听了会觉得非常不好意思。甚至，有的家长会对孩子说："妈妈要去给你赚补习班的学费啊。"这会让孩子产生负罪感，甚至讨厌这个世界。孩子年纪还小，最好不要让他们产生这样的想法。

　　"妈妈的工作也很重要，妈妈也有自己的人生啊。"这样说如何呢？虽然没错，但是每个孩子都希望自己是父母心中最重要的存在，都希望父母可以无条件地爱自己。越小的孩子越是这样。如果妈妈这样说，孩子会暗自在心里权衡自己和妈妈的工作两者谁更重要。孩子会觉得好像自己并不是妈妈最重要的人，从而感到失落。

那么，"我应该好好陪着你的，对不起啊"这样说如何呢？这也不是特别合适。孩子需要知道，我们的行为都是自己在慎重思考后做出的抉择。如果妈妈表示自己并不想工作，而是没有办法才去工作，孩子们会怎么想呢？

请平视孩子的眼睛，这样告诉他吧：

> "妈妈也想和你待在家里，妈妈也觉得和你在一起的时候最开心了！"

"爸爸想要听清楚你说的话。"

在你打电话的时候，孩子会不会突然跑来捣乱呢？这时候，你需要告诉他："好的，知道了，我会帮你的。但是，我得打完这通电话才能帮你，等我一会儿啊。"并且还要告诉他："爸爸想要听清楚你说的话，但是现在爸爸在打电话，你能等爸爸打完吗？"等挂断电话后，记得对孩子说："谢谢你刚刚等爸爸打完电话。"

请出声朗读一下吧：

> "爸爸想要听清楚你说的话，但是现在爸爸在打电话，你能等爸爸打完吗？"

有的家长表示，就算这样跟孩子说，孩子还是会在每次打电话的时候来捣乱。那么，请在打电话之前，提前请求孩子配合。你可以提前告诉孩子，什么时候要打电话、要打多长时间。比如："爸爸现在要打个电话，大概十分钟，你能乖乖等着爸爸打完吗？"并且可以让孩子玩他喜欢的玩具，或是看图

40

"你能等爸爸
打完吗？"

画书。这样可能会更加有效。不要以为即使不说孩子也会理

解，你应该具体地告诉孩子，并请求他的谅解，帮他想好解决

方案。孩子年纪小，总是以自己的方式看待这个世界，他们并

不是故意要捣乱的。

不能忍受被拒绝的孩子

有的孩子对父母所说的"不行"尤其敏感，这是为什么呢？虽然原因有很多，但最重要的一点在于，这些孩子认为，父母顺着自己的心意才等于爱自己。孩子们觉得如果父母拒绝自己的要求，就是不爱自己，所以才非要确定父母对自己的爱，为了确定这份爱，孩子们偏执地坚持着自己的意见。

有的父母总是通过给孩子买东西来表达爱意，他们毫无原则地满足孩子的所有要求，才让孩子慢慢变成了这样。久而久之，孩子就会觉得这是理所应当的，所以很难接受被拒绝。

另一方面，若是父母过度地拒绝孩子的要求，或不听取孩子的意见，也会造成这样的问题。有些父母嘴上说得好听，其实从不实现孩子的要求。经常被拒绝的孩子就会以父母有没有满足自己的要求为标准，来判断父母对自己的爱。所以当孩子听到父母说"不行"的时候，心里会非常难过。

这些过度敏感的孩子无法以平常心对待父母的拒绝。一般来说，父母很少会面带笑容地拒绝孩子的请求，因为拒绝本身就是斩钉截铁的。过度敏感的孩子会把"不行"当成一种攻击，当听到父母的拒绝时，他们的心情会变得糟糕，听不进去父母的话。

有的孩子还会因此产生反抗心理，进而为了触怒父母而顶嘴。

因此，有些父母为了应对孩子的过激反应，会尽量避免惹孩子不高兴，所以对孩子的教育逐渐变成了过度的纵容。这样一来，敏感的孩子们会更加听不得教训的话，对"不行"这句话的反应更加敏感。

无论是什么样的孩子，都需要学习与他人相处时的准则，敏感的孩子当然也是一样。但在教育这样的孩子之前，需要做一定的准备。正如我们糊墙之前，要根据墙壁的状态先涂一层打底裱糊用纸，再开始糊墙。我们在拒绝比较敏感的孩子之前，需要给孩子做好心理建设。我们可以先用温柔的语气对孩子说："妈妈很爱你，但是妈妈也有很多事情不能依着你。""妈妈不是在批评你，只是想把这个教给你。""爸爸很爱你，但这一点爸爸不能答应你。"说完这些后，再开始教育孩子。一定要注意不要用过于严厉的表情，声音也不要太大，但一定要给孩子说清楚。只有这样，孩子在听到父母说"不行"的时候才会不那么敏感，也能更加灵活地做出反应。

"不需要道歉，你学会了就行了。"

不久前，在某高速公路服务区的公共厕所里，我听到有位母亲这样说："都是你太挑食，才会像兔子一样，每次拉大便都不顺畅。"

"妈妈，对不起，我错了，请你原谅我，以后我会好好吃饭的。"

"这可是你自己说的，以后会好好吃饭。妈妈这次就原谅你，从明天开始不能再挑食了！"

我差一点就跟着追出去了。

在育儿的过程中会遇到很多这样的问题。比如，妈妈带着孩子从儿科回来后，对孩子说："我跟你说了不能挑食吧？刚刚医生怎么说的？你就是太挑食才会感冒！"这时候孩子会说："对不起，妈妈。"

孩子吃饭时把汤洒在了餐桌上，会对爸爸说："爸爸，对不起。"爸爸回答："我跟你说了要小心点吧，你太不小心了，才会每次都洒出来。下次注意，这次就原谅你了。"

"学会了
就行了。"

　　"对不起"是道歉的时候要说的话，但是以上两种情况，孩子并不需要道歉，这也不是需要父母来"原谅"的问题。因为孩子还小，不会的事情、做不好的事情、做错的事情，我们都应该好好教他。甚至就算小孩子做了坏事，父母也应该好好教他，帮他改正。

　　洒了食物的孩子在道歉，这时候只需要给他拿一张餐巾纸放在旁边，然后教给他："没关系，你不需要道歉，擦干净就行了。你慢慢就会学会吃饭的时候不把食物洒出来了。"如果孩子说"我错了，以后不会这样了，请原谅我吧"，父母应该怎么说呢？可以这样回应："不需要道歉，你学会了就行了，慢慢就会做好的，你现在学到了很有用的东西呢！"

在育儿的过程中，还没有长大成人的孩子不需要向父母说"对不起，我错了，请原谅我"，父母也不需要回答"这次我就原谅你了"。

请大声跟我朗读一下吧：

"不需要道歉，你学会了就行了。

你现在学到了很有用的东西呢！"

"这件事情非常重要，所以我没办法笑着跟你说。"

父母教训孩子的时候，孩子的眼神总会躲躲闪闪。这时，不用非让孩子看着你的眼睛。当孩子的眼神躲避或者是眼角下垂，表明他的心里很忐忑，像是在说："妈妈的表情和说话的语气好恐怖，我有点害怕。"

对视这一行为能够给予对方强烈的视觉刺激，就像在夜间活动的猛兽眼睛放光地瞪着你一样，这可能会激发人内心最原始的恐惧。

如果父母要求孩子看着自己的眼睛，但孩子却不听话，教育的主题往往就会偏离。父母会逐渐忘记自己要教给孩子什么重要的事情，而只顾着说"看着我的眼睛"。

我们在日常生活中随意地交谈时，看着对方的眼睛讲话固然是很好的。想想看，孩子的双眸中映出父母的面庞，这是多么美好的画面啊。但在训斥孩子的时候，并没有必要让孩子看着父母的眼睛，只要孩子认真听就好了。如果孩子的目光在闪躲，你可以这样对他说：

"害怕了吗？妈妈看起来像是在生气吗？其实不是的，这件事情非常重要，所以我没办法笑着跟你说。你要认真听妈妈说。"

很多人在面试前来找我咨询，说自己不会看着别人的眼睛讲话。这时我会说："比起视线应该看向哪里，更重要的是放轻松去表达。"他们会问我："但是如果不看面试官的眼睛，他们会不会误以为我在掩饰什么呢？"我说："只要你自己心里坦坦荡荡，什么都没有掩饰就好了。放轻松去表达吧，如果紧张的话甚至可以直接说出来。放轻松才能表达出你最真实的内心。"

"玩不是一件坏事。"

孩子们常常会说一句话："能陪我一起玩吗？"这时，父母应该如何回答呢？

如果孩子稍大一些，父母会脱口而出："呀，快学习去，你作业都写完了吗？"很多父母好像并不觉得玩耍是一件有益的事情。但我想说的是，玩不是一件坏事，玩是一件有意思的事。有的孩子来我的咨询室时，会环顾四周说道："哇，这里的书好多呀，吴院长您一定很喜欢读书吧？"我一般会回答："是因为有用才读的，我还是更喜欢玩耍。"

孩子请求父母陪自己一起玩，其实是意味着他们想和父母待在一起。如果你回答："妈妈也很喜欢跟你一起玩，玩不是一件坏事，玩多有意思啊，但是你要等等，妈妈把这两个碗刷干净就能和你一起玩了。"孩子听到这话，会高兴地大喊："耶!"即便你只能陪孩子玩一会儿就要继续忙，也请这样应答吧。

有的孩子，个头都快赶上妈妈了，还是缠着父母陪他们玩，有的父母就会不满地说："你都多大了还要爸妈陪着玩，和小伙伴们去玩吧!"甚至会说："你自己不也玩得挺好吗？

去画画吧，要么去看漫画书。一让你学习你就只想着玩，让你玩又不愿意自己玩。”

当孩子对父母提出一起玩的请求时，其实是想和父母交流沟通，进行情感上的互动。和自己最喜欢、最爱的爸爸妈妈一起共度时光、交流情感，内心就会变得更加平静，也能缓解压力，收获快乐。

其实，父母应该感谢并珍惜现在孩子缠着自己的时光。等日后孩子长大了，哪怕我们只是从孩子面前走过，孩子都会觉得我们想要打探些什么秘密，马上一溜烟地跑开。

请出声朗读下面的句子吧：

“妈妈也很喜欢跟你一起玩，玩不是一件坏事，玩多有意思啊，但是你要等等，妈妈一会儿就陪你一起玩！”

"你再尝尝，嗯~多好吃啊！"

孩子不好好吃饭的时候，请不要逼他，也不要怪他。你可以这样说："哇，真好吃啊，好好吃饭很重要哦，你尝尝？"

如果孩子还是觉得饭菜不合胃口，不要对他发脾气，你可以问问他："那你想吃什么呢？"孩子就会告诉你他此刻想吃的东西，你可以回答："好的，今晚妈妈就做给你吃。但是现在你先尝尝这个吧！"当孩子吃了一口后，请夸夸他，并说："很好吃啊，对吧？"

有的时候，孩子会皱着眉头说："才不是呢，一点也不好吃！"但请你别气馁，继续对他说："你再尝尝，嗯~多好吃啊！"在饭桌上不要说其他的，只说这一句就够了，请不要说"不吃的话长不高"或是"不吃的话你会感冒的"。

用开玩笑的语气和轻松愉悦的语调，这样说就行了：

"你再尝尝。"

"嗯~多好吃啊！"

"这很危险，别乱摸！"

"这毛病是跟谁学的？""这事你该做吗？"

这是父母常对孩子说的话，也是孩子听不明白的话。

在面包店里，孩子会用手指去戳摆放好的面包，正在挑选面包的爸爸看到后吓了一跳，粗鲁地拽着孩子的手，对孩子说："你这孩子，这毛病是跟谁学的？"孩子听后会晃着脑袋思考："咦？到底是跟谁学的来着？"

通常，孩子们真的会认真思考。因此，在这种情况下，尤其是对年龄比较小的孩子，父母只需要准确地指出问题的核心就好了，也就是要告诉孩子"不可以这样做"。不需要问"你这是跟谁学的"或是"谁教你的"。

孩子想要去摸烫手的熨斗，尽管你以前已经说过很多次了，但孩子还是想去摸。爸爸表情严肃地训斥道："你又要摸？这个能摸还是不能摸？"孩子就像是解不出考试题的学生一样，长叹一口气，纠结地想："这是可以摸的意思呢，还是不让摸的意思呢？"

此时，你只需要明明白白地告诉孩子"这很危险，别乱摸"就可以了。"你敢摸一下试试，看会不会烫到你！"这样的表述会让孩子感到混乱，不明白父母说话的真正意图。

　　请出声朗读一下：

"这很危险，别乱摸！"

孩子的"空隙"，父母的"空隙"

我想给大家分享一则故事。

几天前，我见过一个男孩。这个男孩上小学一年级，他一进门就对着我嘟嘟囔囔："吴院长，您干吗总叫我来啊？我今天一点也不想来这。"我回答他："没事，那咱们就来随便聊聊吧，我可想你啦！"孩子用不悦的语气说："可我今天不想见您！"我笑着说："好，没关系，我只是想和你聊聊天。"当孩子继续抱怨时，我对他说："也是，你过来一趟还挺远的。"孩子的脸色这才缓和了一些，他一边支支吾吾地叫我，似是有话要说，一边从书包里拿出了陀螺和几辆玩具车。我"哇"地感叹了一声，孩子笑嘻嘻地对我说："我带来了这些，打算今天和您一起玩！"我说："好啊！看起来就很好玩！"随后，我们又聊了很多。

接下来是我和孩子的父母面谈的时间，我对孩子说："××啊，我今天跟你聊天非常开心，但是……"孩子微微一笑，对我说："您是准备要见我爸爸妈妈了吧？我知道啦！"然后他说："哎呀，这个我得端走。"于是他端起了盛有半杯葡萄汁的杯子。孩子原本是打算托着杯垫拿出去的，但是看起来有些吃力。我问："需要我帮你拿什么吗？"孩子就拜托我帮他拿着杯子，当我接过杯子时，那孩子却问道："吴院长，您的手受伤了吗？"当时我的手被纸划了一下，正贴着创可贴。于是我回答他："是的，被纸划破了。"那孩子听了，随即露出很心疼我的表情，真挚地说道："应该很疼吧？"我对孩子说："你是第一个发现这个伤口的人，谢谢你呀！"

那一刻，因为那个可爱的孩子，我竟感动得鼻子一酸。第一次见到他的时候，他还是个不好接近的孩子，哪怕幼儿园的小朋友只是想跟他搭话，他也会大声叫着举着椅子吓唬对方。但现在，他却变得如此善良懂事。虽然他现在也还是有点抗拒与我见面，当他的心里感到不安，就会表现出抵触情绪，但这是他消除自己内心不安的一种方式。这时，我就安静地等他自己消化，当他的不安得到排解，内心就有了与我交谈的"空隙"。有了这一块"空隙"，开始还很抗拒的孩子就开始观察周围的人，甚至开始关心别人。这多可爱啊！

我们的孩子在面对陌生而新奇的周边环境时，自然会感到不安，会不舒服。请耐心等等他，只有他们的心平静下来了，才能有与我们交流沟通的"空隙"。

父母也是一样的，你们已经做得很好了。请相信，请放宽心，只有当父母的心里也产生了"空隙"，才能去包容孩子的"空隙"。

不要担心，你和孩子都会做得很好的。

你的孩子现在几岁了？

当我们像我们的孩子一般大时，最想听到父母说什么话呢？

就算妈妈说了"很危险，不要端"，孩子还是用双手端走盛满牛奶的杯子。小小的孩子，穿着尿不湿，摇摇晃晃地、蹑手蹑脚地端着杯子往前走，可是刚走到饭桌前，却不小心失手打翻了牛奶。地板上和孩子的身上满是牛奶渍。妈妈可能会这样说："你看，我说不让你端吧！"孩子突然哇哇大哭起来。妈妈说："没事，这又不是什么大事，你站在这里别动，妈妈给你擦干净。"孩子还是觉得很伤心，小嘴噘得老高。妈妈说："没事，你还没喝吧？妈妈再给你倒一杯。"然后把孩子一把搂进怀里。当孩子遇到这种情况时，就算父母说了不是他的错，他还是会惊慌失措，觉得害怕。

并不是只有小孩子这样，年龄稍大一点的孩子也是如此。此刻，孩子们最希望父母能安慰他们，希望父母能说爱他们。

我们小时候，也是一样啊。

当我们像我们的孩子一般大时，
想听到父母说些什么呢？

"你今天干什么了呀？"

爸爸下班回到家中。刚步入青春期的孩子看到爸爸后，"嗖"地一下就跑开了。爸爸难免觉得有些尴尬，于是说："喂，你看见爸爸都不打声招呼吗？"在这种情况下，不如试试这样说："儿子，你今天干什么了呀？跟爸爸说说吧，爸爸想死你啦。"

看到乖巧可爱的小孩子，我们会自然而然地嘴角上扬，说出这种饱含深情的话。但是看到处于青春期的孩子，脾气臭又一个劲嘟嘟囔囔，父母也会不自觉地说出粗鲁的话。但青春期的孩子都希望，无论他们怎么反抗父母的意志，无论他们做出多么过分的事、说出多么过分的话，父母都能依然深爱他们。若是问他们对父母最大的希望是什么，很多青春期的孩子回答："希望我的父母可以理解我。""希望他们对我说话的时候能温柔一点。""希望他们能够安慰我。"

请用饱含深情的语气，朗读一下吧：

"儿子，你今天干什么了呀？
跟爸爸说说吧，
爸爸想死你啦。"

　　有的家长告诉我，他们从来不会用这样的语气跟孩子说话。那是因为以前你并不需要。没有人生来就是父母，我们出生的时候也只是个小孩，随着时间的流逝，才逐渐改变了身份，成了父母。既已为人父母，就该学会父母的语气，不管以前你是什么性格，都应该为了自己的孩子，不断做出改变。因为我们爱自己的孩子，对父母来说，这是完全可以做到的。

"哦？是吗？我突然也记不清了。"

　　有的时候，孩子会在父母面前炫耀自己知道的东西。有时候我们听着听着会发现，孩子只说对了一两句，大部分内容是错的。这时候请不要直接告诉孩子"你记错了"。比起直接指出孩子的错误，不如试试这样说："哦？你知道的挺多嘛，从哪里学来的呀？"甚至你可以尽情夸奖他："哇，这我得向你好好学习了！"

　　如果你此时非要纠正孩子的错误认知，孩子就会跟你死犟。这时候，你可以说："哦？是吗？ 你这么一说，我突然也记不清了。"然后和孩子一起去查找资料。孩子之所以会对父母讲自己知道的东西，无非是想听到父母夸他："你知道的好多啊！"不论孩子所掌握的知识是否正确，都请你认可他，并能够偶尔夸张地表扬他一下。

　　多年以后，当孩子回想起与父母的对话，只有一个模糊的印象，并不能记清楚对话的内容。孩子只能记得对话的当时，爸爸拍着他的肩膀说"哇，你好棒啊，连这个都知道"的样子，还有妈妈骄傲的神情，以及自己扬扬得意的心情。

　　请出声朗读一下吧：

"哦？你知道的挺多嘛，

从哪里学来的呀？"

"哦？是吗？

你这么一说我突然也记不清了。"

"等你稍微冷静点再说吧。"

当孩子生气的时候，我们也经常用同样愤怒的情绪去回击。比如孩子说"我生气了"，父母往往会说："你生哪门子气？你是赚钱养家了还是认真学习了，你有什么资格生气啊？"

当孩子发脾气时，父母可以这样回应。请出声朗读一下吧：

> "你现在这种情绪我们没法聊天，
>
> 妈妈有话要对你说，
>
> 但是现在不合适，
>
> 等你稍微冷静点再说吧。"

在必要的时候父母可以后退一步。当青春期的孩子反应过激时，父母绝对不可以采取更强硬的态度回应。当孩子的情绪过于激动时，父母要先忍耐让步。但这并不是说父母要无条件地容忍孩子的行为，只是先退一步让孩子冷静下来。

只有这样，孩子才不会走向极端，才能冷静地整理自己的问题。这对孩子来说是很珍贵的经历，能够让孩子学会：不论当下有多么生气，都不能放任负面情绪爆发，而是要自己去解决问题。

Chapter 2
024

"你的朋友这一点很好哦！"

你感觉孩子的朋友好像有点问题，因为跟那个朋友一起玩，孩子就不认真学习了。但即便如此，我们也不能当着孩子的面说他朋友的坏话，这样一来，孩子以后就不会在你面前提起那个朋友了。

如果你觉得孩子的朋友不对劲，可以先问问孩子，喜欢那个朋友什么，为什么会和他变得亲近。你可以这样小心翼翼地问，请出声朗读一下吧：

> "你的朋友这一点很好哦，但是妈妈觉得，他在那一方面好像有点问题呢。虽然你没法帮助他改正，但你不能被这个坏习惯影响。"

当孩子因为和朋友们一起玩而没有去上补习班，有的父母会说："你是为了显得合群才不去补习班的吧？其实其他孩子也一样，大家都一边心想'他们怎么这样啊'一边跟着逃课，都没办法好好学习。"这么说是不合适的。

64

请先问问你的孩子："你的朋友们上不上补习班啊？"如果孩子给出的回答是肯定的，你可以继续问："那你的朋友们会准时去上课吗？"请注意，不要用一种质疑的语气，只是简单地询问即可。如果孩子说"会"，你可以对他说："看来你需要向他学习这一点呢！"万一孩子的朋友们都不上补习班，你可以问问孩子："那你的朋友们知道你要上补习班吗？"如果孩子的回答是"不知道"，请告诉孩子："下次你要告诉他们你几点要去补习班上课。"

"说话的语气平和一点吧。"

有的孩子到了小学五六年级的时候，就会开始说粗话。父母听了会觉得很不舒服，或者很担心。但是只要孩子不是在辱骂父母，就不必过度担心，这只是孩子在生长发育过程中暂时的现象。

但父母也没办法装作不知道，在听到孩子说粗话时，请保持一定的距离，采取中立的态度，你可以试试这样教育孩子，请出声朗读一下吧：

> "说话的语气平和一点吧。"

青少年为了追求潮流时尚，总是像刷墙一样把脸涂得煞白，把嘴唇涂成浓艳的红色。可他们十年之后还会这样吗？当然不会了，这只是一个暂时的现象。如果父母想要把控孩子朝着完全正确的方向发展，反而会让孩子对本身不算什么的事情产生巨大的逆反心理。父母的反应过于激烈，孩子们反而会把小事看得过于严重。

在这个时期，孩子正处于成长发育阶段，有许多值得深入探讨的问题。但这个过程中，最重要的绝不是孩子说粗话的行为，如果父母在这个问题上花太多心思，反而不利于解决更加重要的问题。

切勿以偏概全

曾经有一位学弟来找我，说是非常担心自己的儿子。他向我吐露心声，说儿子上小学六年级，非常不听话，他不知道该怎么办了。

有一天，他对儿子说了些什么，但儿子的态度非常无礼，恰巧那段时间他觉得儿子的态度问题很严重，于是比平时更强硬地训斥了儿子。没想到儿子却报了警。他说自己当时非常惊慌，也感到心寒。他表示自己真的不知道要怎么去改善这扭曲的父子关系。

听完他的故事，我问道："你的儿子为什么一定要听你的话呢？"他瞪圆了眼睛，我又问道："你看，你和你儿子都是独立的个体，你们的意见可能相左，为什么一定要儿子听你的话呢？"他沉默不语，过了一会儿，他摇着头喃喃自语："是这样吗？"

我说："当然啦，当我们对持有不同想法的人陈述自己的意见时，应该询问对方认为什么是对、什么是错，并就此与对方展开讨论。但我听你讲完后，发现你并没有这么做。"他叹了口气，说道："我认为这样惯着孩子，反而会出大事，他的问题会更加严重。"

孩子不听父母的话，可能只是因为自己的想法与父母相异。

这时，请各位家长不要误会，孩子与父母的想法不同，并不意味着他们对父母全盘否定。不是不认同爸爸，也不是忘记了妈妈对自己的养育之恩，只是自己的一部分想法与父母的一部分想法不一致罢了。当孩子反对父母的话时，请记住他们只是反对了"部分"内容。

如果父母以偏概全，就会误以为孩子不认同爸爸的全部价值观，或是忘记了妈妈养育自己的恩情。父母会想"他这是在无视我"或是"他怎么能这样对我呢"，从而对孩子发火。孩子看到父母这样，心里会很不舒服。因为孩子只是觉得自己的部分想法和父母不一致，请不要把孩子说的"部分"误当作"整体"。

而且，孩子说出的话、做出的行为，其实也不代表孩子的全部，请不要把孩子的"部分"误当作孩子的"整体"。孩子整体上是好的，只是某些部分有问题，父母只需要把这些有问题的"部分"加以改正就好了。但是这时，有的父母会说："你怎么这样？你这样下去会一事无成！"这意味着父母否定了孩子的整体。部分有问题，就请只解决部分。

另外，孩子也只是和我们拥有不同想法的"他人"而已，不能仅仅因为我们生育了孩子，就要求他们包容我们的所有缺点。孩子深爱父母，但也可能对父母的某些方面不满。我们必须接受这一点，只有这样，才能实现父母和子女的共同进步。

"这个只能看，不能摸哦！"

去别人家里玩的时候，有的孩子非要摸摸别人家里的装饰品。就算警告他"不能摸"，孩子还是会不经意间上手。

孩子为什么会这样呢？一开始孩子只是好奇，但是父母凶巴巴地说"不可以！会弄坏的！你这样会惹祸！"，孩子就会突然变得不安。当感到不安时，有的孩子会待在原地一动不动，而有的孩子则会"唰"地上手摸一把。对于这样的孩子来说，这一次没摸到，下次再来玩耍时，一进门就会跑过去摸那件装饰品。这是他们在用自己的方式缓解内心的不安。摸一下后发现"啊，原来不会出问题啊"，他们才会放下心来。如果不去摸，他们内心的不安就无法消失，所以非要摸一下才行。

当这些孩子打算上手摸别人的东西时，父母需要先请求物品主人的谅解，然后和孩子一起好好地观察那件物品。我们可以这样对孩子说："你是因为好奇才想摸的吧，和妈妈一起看吧，好好观察。哇，虽然很小，但还有轮子呢！"

当孩子想要摸的时候，我们应该教给孩子："不可以哦，这个只能看，不能摸。"如果孩子问为什么，我们可以说："这个东西太小了，如果摸的话，很容易碰坏，阿姨这么宝贝的东西，如果坏了阿姨该多伤心啊。我们就只看看吧。"如果孩子还想摸，我们可以轻轻握住孩子的小手，对孩子强调："这个只能看哦，我们看看还有什么，一起观赏吧。"孩子有的时候会回应："这里还有门呢！可以打开看看吗？"我们应该说："如果不小心，门可能会碰坏的，我们就只看看吧！再看看，还有什么好玩的呢？"

等孩子结束自己的探索后，好奇心就会减退。通过这次经历，孩子会懂得："啊，这个只能看不能摸，静静地观赏也挺不错的！"

请用温和的语气读一读下列句子吧：

"这个东西太小了，

如果摸的话，很容易碰坏，

阿姨这么宝贝的东西，

如果坏了阿姨该多伤心啊。

我们就只看看吧。"

"这个是拿在手里玩的。"

小孩子不管是什么都喜欢往嘴里塞，玩具也不例外。玩积木的时候、玩过家家的小玩具的时候，总会有孩子把玩具塞进嘴里。

看到这样的画面，有些父母会吓一跳，大声喊道："别吃！脏！"这时，孩子真的会被吓到。当孩子想去摸或是想去吃对身体有害的东西时，父母应告诉孩子这是很危险的。但是请不要用过大的声音尖叫，或是突然用严厉的语气训斥。如果不是非常危急的时刻，不要大声喊叫，而是应该走过去把孩子的手从嘴边拿开。父母应该事先把那些吃进嘴里会很危险的东西清理干净，对孩子每天拿着玩的玩具也要经常消毒。

孩子经常会把玩具放进嘴里，是因为他们对这些东西的用途认知不足。尤其是有些玩具做得很像蔬菜水果，或是汉堡、番茄酱，孩子就更容易混淆了。

如果孩子把玩具放进嘴里，我们应该教给他们："这个是拿在手里玩的。"父母应该拿起玩具，直接示范怎么玩。比如对孩子说"你看，陀螺是这样转的"，然后直接转给他看。或者，我们可以拿着玩具番茄酱假装洒在汉堡上，对孩子说：

"这是番茄酱，汉堡在哪里呀？"如果孩子还是经常吞食玩具，父母应该柔和地告知孩子这是不对的。如果孩子听了父母的话把玩具从嘴里拿出来，我们应该夸夸孩子："没错，就是这样。做得好！"

出声朗读一下吧：

"这个是拿在手里玩的。"
"不可以吃。"

"现在该回家了。"

阳光明媚的午后，不到两岁的孩子时隔很久来了游乐园，足足玩了三个小时。你对孩子说现在该回家了，孩子却一直耍赖，说想再玩一会儿。

此时父母的反应大致可分为两种：一种是先跟孩子讲道理，然后忍无可忍开始发脾气。因为他们认为只要把情况跟孩子说明白，孩子就会接受，然后就会被说服乖乖回家。但孩子们并不会，他们还不懂"约定"这个概念。

另一种是什么都不说，不管孩子说什么都面无表情地警告："不行，不行，不可以，我说了不可以。"孩子会误以为父母完全不懂自己的心情，从而受到伤害，闹得更厉害。这样的话，孩子只是受到了伤害，并没有学会父母所教的道理。

但是，父母也同样会因此心情不好，他们不再去想要教好孩子，而是一心想着"这孩子到底为什么这样啊"。

无论何时，出现问题的时候要尽可能地用简洁的语言告诉孩子最重要的道理。孩子的年龄越小越应如此，请出声朗读一下吧：

"今天玩得很开心吧？
现在该回家了，
我们回家吧。"

　　如果这样说孩子还是嚷着"不要不要"，甚至哭鼻子，父母可以告诉孩子"咱们明天再来玩"，然后一把抱起孩子回家。

　　回家的路上，请不要继续指责孩子："今天你玩得这么尽兴还要哼哼唧唧，这怎么行？""你怎么这么不听话，再这样以后就不带你来了！"

　　最后，请你一定要记得，第二天要按照约定再带孩子来玩。

"今天玩得很开心吧?
现在该回家了。"

"这个千万！千万！千万要记住！"

有的孩子转眼就会忘记父母的要求，这是因为"工作记忆力"没有那么强，而不是我们平时所说的"记性不好"。"工作记忆力"，指的是把各种信息好好储存在大脑中，等需要的时候提取有用的信息的能力，也可以称为"注意力"。孩子上小学的时候，就会开始记得过去听到的一些话，想起之前发生的一些事情，注意力会随着年龄的增长逐渐发展。

但有的孩子的注意力比同龄人发展得慢，可能上了小学还会记不住父母的要求。这时，请不要这样训斥孩子："妈妈跟你说了多少次了？你怎么又忘记了？你是白痴吗？"这样的训斥毫无效果。即便凶巴巴地训斥孩子，孩子的脑部发育能力也不会立刻随之增强。那么我们应该怎么做呢？

请接受小孩子爱忘事的特点吧，我们可以在孩子不该忘记的时候提醒他。

但提醒的时候也需要技巧，请简洁明了地强调最重要的要求。比如："这个千万！千万！千万要记住！"这样强调，能够让孩子的注意力更加集中。

值得注意的是，父母此时不要多费口舌。如果给孩子提供太多的信息，孩子可能无法把真正需要记住的信息输入大脑。"你上次也忘记了，所以妈妈才生气啊！"这样说的话，孩子可能会忘记真正要记住的事，"妈妈生气"反而会在他们脑海中留下更强烈的印象。因此孩子越是容易忘记，我们越要简洁明了，尽量只传达孩子需要记住的内容。

请出声朗读一下吧：

"这个千万！千万！千万要记住！"

"是你的没错。"

儿子今年七岁，女儿今年五岁，这对兄妹经常为了争抢玩具而吵架。

有一天，妈妈正在厨房里准备晚餐，突然听见客厅传来"扑腾、扑腾"的声音，随即传来孩子的哭声。妈妈闻声跑过来，发现儿子正紧紧攥着小时候的玩具，而女儿在一旁呜咽："哥哥不给我玩具！"

此时，大多数父母会对儿子说："你是哥哥，妹妹还小呢，把玩具给她吧！"儿子会抱着玩具不撒手，并叫嚷"这是我的"。父母就会责备道："这不是你小时候玩的吗？你现在也不玩了，你都上小学了。"但是儿子还是会吵着说玩具是属于他的。父母又会继续劝儿子："妹妹只是跟你借来玩玩嘛！"儿子说："但我不想借给她！"

这时，很多父母就会忍不住开始发脾气，甚至"威胁"孩子道："你有这么多玩具怎么还这么贪心啊，你要是这样，以后再也不给你买玩具了！"

请记住，这种情况下，应该对儿子这样说，请出声朗读一下吧：

"这个玩具是你的没错，

妹妹，这个是哥哥的玩具哦。"

此时，最重要的是告诉孩子"玩具是哥哥的"这一事实。哥哥照顾妹妹、让着妹妹、和妹妹分享玩具友好相处，都是正确的。"分享"是人要不断学习的事情，但是我们在教给孩子这一价值观的时候，说话的顺序非常重要，掌握了正确的顺序，孩子才不会抗拒。此时，要先教给孩子"所属"的概念，这个东西到底是属于谁的，这个必须首先明确，要肯定物品的所属。

当儿子嚷着玩具是自己的时候，父母应该这样说："对，这个是你的没错。"同时，还要对女儿说："这个玩具是哥哥的哦。"

像这样简单地肯定玩具的所属，即认可儿子持有玩具的正当性，是非常重要的。

权属明确才可能分享

想继续讲一下之前讲到的故事。

兄弟姐妹经常会为了抢夺玩具而争吵，都主张玩具是自己的。这时候，请你专门找个时间，把所有的玩具都拿出来，然后准备一些标有姓名的贴纸，让孩子们在自己的玩具上贴上写有自己姓名的贴纸。如果孩子们都主张某个玩具是自己的，就让他们用"剪刀石头布"来决定玩具的归属。或者，你可以找出两个相似的玩具，当场分给孩子们一人一个。并且，请对孩子说："只有贴着写有你名字贴纸的玩具，才是属于你的。"

如果兄弟姐妹能够友好地分享玩具该多好啊，但是首先需要分清楚每个玩具的主人到底是谁，要肯定玩具主人的所有权。之前我们讲过的故事中，要肯定玩具是属于儿子的，那么接下来，就要对儿子说："儿子，这个玩具是你的，但你能借给妹妹玩吗？"同时要对女儿说："你去请求哥哥借给你玩吧。"女儿会说："哥哥，借给我玩玩吧。"但是此时，儿子有可能会拒绝。因为在这之前两个孩子刚刚发生了争吵，儿子怎么可能心甘情愿地借出玩具呢？他可能会说"不要"，拒绝妹妹。此时请不要训斥他说："喂，你妹妹不是说让你借给她吗？"或者"妹妹让你借，你就借给她吧。"儿子完全可以选择不借，作为物品的主人，有时候并不愿意把自己的东西借给别人。我并不是说这样的行为是正确的，而是在教给孩子某些概念的时候，需要遵从一定的顺序。

拿坐公交车来打比方，有些道理是孩子们到达终点站时才能学会的，但家长却想在第一站就教给孩子。这样孩子会感到很委屈，无法真正学会这些道理。

如果玩具的主人拒绝借出自己的玩具，那也没有办法。你可以这样对女儿说："你希望哥哥借给你，现在有点伤心吧？但是没办法，明天再拜托哥哥借给你吧。说不定明天哥哥就改变主意了呢。今天我们先玩别的！"

这时，女儿可能会说："可我就想玩那个！别的都不好玩！"此时，有的父母可能会批评女儿说："喂，你哥哥不是说了不借给你吗？"请不要这样说。你只需要说："妈妈会陪你好好玩的，我们先玩别的吧！"

这时，情况也可能突然发生变化。妈妈正陪着女儿玩得高兴，儿子探头探脑走了过来。这时，有很多家长会当面训斥儿子道："你就拿着你的玩具自己玩吧！"

这不是在教育孩子，这是在和孩子怄气。

请试着对孩子说："儿子呀，咱们一起玩吧！但你妹妹拿了三件玩具，你也要拿三件玩具来玩才行啊。"儿子可能还是会强调玩具是自己的，此时你可以说："是你的没错，等玩完后你自己收拾好就行啦。"儿子可能会担心："玩具如果坏了怎么办？"你可以告诉孩子："我们不会把玩具扔来扔去，怎么会坏呢？先拿来一起玩吧，如果坏了修修就行了，我们先一起开心地玩！"

这才是教育孩子的对话。

当孩子们因为玩具发生争执的时候，关键点有两个。其一，要先明确物品所属，才可能与他人分享；其二，要教给孩子"只有写有我名字的东西才是属于我的，如果想要借别人的东西，需要征求别人的许可"。

"在这里乱跑会撞到别人的！"

孩子们会在人群拥挤的地方乱跑，这种情况下，我们应该怎么教育孩子呢？

很多父母会说："你看看那位老爷爷，对你很不满呢，小心他训你哦！""人们都在看你呢，你这样别人会觉得你很烦。"孩子听了这样的话会很紧张，立刻乖乖坐好观察四周，但其实并没有人说什么。孩子晃晃脑袋，想着："咦？并没有人生气啊？"于是又会开始到处乱跑。

此时，你应该这样说："你看看，这里人好多啊，在这里乱跑会撞到别人的，不要到处乱跑。"如果这样说了孩子还是不听话，请上前去抓住孩子的手，把他拉回来。

请出声朗读一下吧：

> "你看看，这里人好多啊，
> 在这里乱跑会撞到别人的，不要到处乱跑。"

当阻止孩子的某些行为时，我们经常会利用"周围的人"

来吓唬孩子。比如："那边的老爷爷在看你，一会儿他就过来训你咯！""你再哭医生会使劲扎你一针的！""你再这样朋友们都不喜欢你了。""老师不会喜欢这样的学生哦！"等等。

在某些场合不可以做某些行为，这是人们在与他人和谐相处的过程中需要遵守的准则，而这些准则与个人的心情、喜好、选择无关，更与他人无关。不管周围有没有其他人，其他人有没有看过来，别人会不会喜欢，我们都理应遵守。

因此，在教育孩子的时候，我们可以这样说："这本来就是社会准则，在我们与他人共处的时候，不能这样做。"这样，孩子就会自己懂得"原来这样做是不可以的啊"，他会自主思考、自主决定，并且自己去付诸实践。也就是说，学习并实践的主人公是孩子自己。这个过程中，孩子会形成自己的自主意识，这是非常重要的。

如果我们说："你这样哪有人喜欢你啊？"行为的主导权就过渡到了他人身上，这在孩子的道德意识发展阶段中是最初级的。不应该做的行为无论什么时候都不能做，与他人没有任何关系。我不知道家长们利用身边人去"威胁"孩子，从而约束孩子的行为，有没有立竿见影的效果，我觉得更重要的是，要明确地教会孩子如何明辨是非。

"在我们与他人共处的时候，
不能这样做。"

"你再大喊大叫，我们只能出去了。"

有的孩子总喜欢在公共场所大喊大叫，或许是因为兴奋，或许是因为跟父母耍赖，不论是什么原因，家长此时都应该告诉孩子："这里是公共场所，不可以大喊大叫。你再大喊大叫，我们只能出去了。"

如果孩子不听话，继续大声叫嚷，我们需要真的把他们带走。有的家长可能会觉得这样有点不近人情，但是，教给孩子道理后马上付诸实践并不仅仅是为了彰显父母的果断。由于孩子们的语言概念还没完全发展成熟，就算听懂了道理，可能也无法直接过渡到接下来的行为上。

因此，当我们教给孩子某种道理后，如果孩子不遵守，我们需要立马付诸实践。只有这样孩子才会明白"啊，原来不能这么做"。

请出声朗读一下吧：

"这里是公共场所,
不可以大喊大叫。
你再大喊大叫,
我们只能出去了。"

"今天得走了，下次再来玩吧！"

孩子和朋友们一起去了室内的游乐园，但孩子总是把海洋球扔到其他小朋友的脸上。对此，家长必须要足够重视。

你可以对孩子说："虽然在这里可以尽情地玩海洋球，但是你不能往别人的脸上扔啊。"如果你知道此时应该补充一句"你再这样的话，咱们就回家了"，说明你前面的内容掌握得很好。

这里我想再教你一招，如果加上下面这句话，就是锦上添花的完美答案。

请出声朗读一下吧：

> "今天得走了，下次再来玩吧。"

当我们教育孩子的时候，记得给他留一次机会。只有这样，孩子才能最终明白道理。没有人能够一次就明白，小孩子就更是如此了。

"不能往别人的
脸上扔哦。"

曾经在一档电视节目里，有人向我咨询，究竟应该给孩子多少次机会。我的回答是："千次、万次都不为过。但父母一定要忍住对孩子不当行为的怒火。"

如果孩子一直在公共场所大喊大叫，我们会理所当然地把这当成一件错误的事情，没办法泰然处之，于是会经常说出一些贬低自己孩子的话。

想想我们三岁的时候，经常犯的错误是什么呢？我们用了多久改掉了这个毛病呢？想不起来了吧。因此，当我们用三十多岁成年人的视角来看待三岁的孩子时，自然无法理解他的行为了。

"我会一直看着你的。"

当你带着孩子去参加聚会的时候，最好别把约会的场所选在公众聚集的室内。孩子们本来就很难长时间安静地坐在某个地方，他们当然想要跑着玩闹。所以请尽量在能够尽情喊叫、奔跑嬉闹的地方相聚，比如公园。

如果不得已非要去公众聚集的室内，又担心孩子的行为举止，请在外出前跟孩子约法三章，在到达约会场所之前，请再一次提醒孩子，并获得他的保证。

请出声朗读一下吧：

> "你如果太吵的话，
>
> 妈妈会一直看着你的，
>
> 如果你不遵守约定，
>
> 咱们就回家。"

你可以根据实际需要，把前面的内容换成"你要是闹着买……的话""你要是四处乱跑的话"，等等。

不同年龄的孩子，会做出各种各样不同的举动，惹出各种不同的事端。这是符合他们年龄阶段的现象。他们在生活中难免会惹怒父母，准确地说是不合父母的心意。父母觉得心烦，其实是因为自己解决不了问题，这是父母自己的问题。

如果因为孩子的行为问题而感到心力交瘁，那么这个问题便是父母的问题，父母不能怪孩子。

"不好意思，我们该走了。"

带孩子去聚会的时候，如果孩子特别不听话，家长要按照之前跟孩子约好的那样，真的把孩子带回家。此时，有的家长可能会在意别人的眼光。但就算有点尴尬，也不要在意其他父母的想法，要对孩子做到言行一致。只有这样，孩子才能认识到："啊，原来爸爸妈妈教的道理，是我在任何时候都要遵守的啊。"

值得注意的是，当从座位上起身离开的时候，千万不要在别人面前贬低或者凶巴巴地训斥自己的孩子。

你可以这样对其他家长说，请出声朗读一下吧：

> "不好意思，我提前就跟孩子说好了，
> 要是他不听话惹乱子，我就带他回家。
> 下次我来请客！"

你也可以提前练习一下这样的说辞，有时候，因为内心的矛盾，我们话到嘴边可能会说不出来。

在教育孩子并纠正他的不良行为时，家长们都有自己的方式，所以我也无法一一指点。但我们有必要经常跟要好的朋友聊聊自己的教育观念。比如："我不能忍受孩子们在咖啡厅里跑来跑去。如果孩子一直不听话，我可能会立刻带他们回家。"只有提前说明白才能少费不必要的口舌。

美好的行为 vs 讨厌的行为，
好人 vs 坏人

在很多情况下，父母都会对孩子使用"美好""讨厌"这一类的修饰词。他们可能是想要用孩子能理解的表达来教给孩子正确的道理，但我觉得这样的表达很危险。

在幼儿园，有的孩子穿着连衣裙来上体育课。老师会说："我说过今天要穿运动服来吧？你穿错衣服啦，下次记得换上正确的衣服。"

当孩子大喊大叫发脾气时，妈妈会说："我教过你要好好说话吧，你刚刚说的话很难听哦。"

当孩子乘坐电梯时，可能是觉得很有趣，每一层的按钮都要按一下。这时，一起坐电梯的大人会说："小朋友，你这种行为很讨人厌，乖小孩是不会这样捣乱的。"

"正确"的衣服，"好好说话"，"乖"小孩……许多大人觉得这样的表达是在教育小孩时最好用的话，但是，与"美好""讨厌""好""坏"有关的形容词都是些模糊且概括性的表达。小孩子目前还未形成理解重要概念的基础，如果父母经常使用这类形容词，可能会产生不好的影响。孩子可能由于无法正确掌握概念的含义而产生误解。

当孩子穿着连衣裙来上体育课时，老师可以说："运动的时候为了活动方便，不容易受伤，你应该穿运动服来。下次记着要穿运动服来上课哦。"老师应明确告诉孩子穿运动服上体育课的理由。

当孩子大喊大叫时，你可以对孩子说："不要大声叫喊，你小声说话妈妈也听得清楚。""小声一点。"你要告诉孩子具体的做法。

当孩子一直按电梯按钮时，你可以对孩子说："妈妈知道，你只是想按着玩，但是这样电梯在每一层都要停一次，有急事的人会想：'出什么事了？电梯怎么还不来呢？'你再按一次试试吧！再按一次，按钮上的灯会灭掉，你来把它灭掉吧。"如果孩子乖乖按掉了按钮，记得要夸他做得好。如果按钮上的灯没有灭掉，你可以对孩子说："今天没办法了，下次记得哦。"

孩子可能会说："没有人有急事啊！"这时，你应该告诉孩子："万一有人在家中晕倒了，需要立刻送往医院救治，得赶紧坐电梯到一楼才能坐救护车啊。如果电梯在每一层都停一次，他的家人们该有多着急啊！下次记得不要乱按了。"现在要教给孩子的关键是"万一有人有急事，会出现很严重的问题"。

孩子由于不知道而犯下的错误，或做出的某些不良行为，如果用"难听的话""讨厌的事"来形容未免有些严苛了。其实在生活中，并没有那么多"讨厌的人和事"，更别说是年龄很小的孩子了。我们在使用"讨厌"这个词的时候，应该非常小心，因为它可能会给对方造成难以想象的伤害。

另外，如果孩子经常听到"漂亮""丑陋"这类的词，会首先联想到人的外貌，就会自然而然地根据外貌把人分为"漂亮的人"和"丑陋的人"，接着又会根据美丑来判断人的好坏，这样就会给孩子形成一种外貌至上的错误认知。因此，我认为最好不要经常使用这类表达。

"你安静下来，妈妈讲话就不费力了。"

有的孩子说话时喜欢大声叫嚷，可能没什么特别的理由，只是孩子说话的习惯就是这样。在面对这样的孩子时，有的父母声音会比孩子更大。他们觉得，如果自己的声音小，孩子会听不见，所以只能不断提高音量。

其实在这种情况下，父母反而应该用更小的音量讲话。请试着小声对孩子说："妈妈有话要跟你说……"孩子会睁着圆圆的眼睛，小声问道："说什么呀？"此时，父母要再次降低音量说："你听好了。"

孩子为了听清楚妈妈的话，不得不安静下来。这时，我们可以对孩子说："你安静下来，妈妈讲话就不费力了，谢谢你呀。"

请出声朗读一下吧：

"你安静下来，妈妈讲话就不费力了，谢谢你呀。"

在我们想要改变孩子说话的方式时，首先要改变自己的说话方式。孩子说话的方式很像父母，包括使用的词汇、语气和声音等。孩子的长相是从生下来的那一刻就像父母，与此不同，说话的方式是逐渐变得相似的。因为在生活中听到的最多，所以会逐渐变得越来越像。

说话并不是一门技术。在某种状况下，当我们需要让孩子深刻理解为什么要这样做的时候，会自然而然地说一些孩子容易接受的话。但是说不出来的时候，我们也可以用本书中的例句进行练习。练着练着你会发现，孩子的反应会越来越好，由此，之前一些不合适的举止也会得到改善，从而增强父母教育孩子的效果。这样一来，父母和孩子心与心的距离就会拉近，父母想要帮助孩子成长的心意才能让孩子体会得更加深刻，才能自然而然地说出能够帮助孩子成长的温和话语。

"当然爱你呀，超爱你！"

如果孩子突然问你："爸爸（妈妈），你爱我吗？"你会怎么回答呢？孩子可能会因为很多理由，时不时地或是经常这样问你。此时，请带着灿烂的笑容回答你的孩子："哎哟，那还用问吗？"

请不要问孩子为什么会这样想，孩子只是产生了这样的想法就问出口而已。不管是出于什么理由，孩子都是因为心里不安或是感到迷惑才问的。这时候，我们只要明确地回答孩子就好了。请笑眯眯地对孩子说："当然爱你呀，超爱你，我愿用我的一切来爱你！"

请酝酿一下感情，出声朗读一下吧：

> "当然爱你呀，超爱你，我愿用我的一切来爱你！"

有的孩子对别人的表情变化非常敏感。对于这样的孩子来说，他们重视的人的表情哪怕稍微黯淡一点，或表情淡漠，或者看起来像生气了，他们就会认为是自己做错了什么，甚至会

"当然爱你呀，
超爱你！"

觉得对方在生自己的气。

　　在孩子一定程度上能够理解别人的感情或是心情之前，我们需要简明扼要地准确表达自己的感情，并做好表情管理。

　　如果孩子问："妈妈，你生气了吗？"不要只回答一句"没有"就搪塞过去。如果我们的态度模棱两可，孩子会一直为此烦恼。请明明白白地告诉孩子："嗯，妈妈现在心情有点不好，但不是因为你。因为妈妈刚刚接了个电话，发生了一件令人苦恼的事情，所以你不用担心哦。"

　　对于某些敏感的孩子来说，如果父母的态度过于严肃，他们可能会误以为父母不喜欢自己。这就需要父母多次对孩子强调："爸爸妈妈严肃地教育你的时候，只是希望你能学会那些道理。我们不是在训斥你，也不是在对你发脾气，所以你不要担心，好吗？"

"突然想给你读一本有趣的书。"

孩子气呼呼地对父母抱怨说:"我到现在为止,好像还没有一次玩得尽兴呢。"这时请不要去纠结孩子的话是对是错,请不要反驳说:"不是吧,你昨天不是在操场上玩得很开心吗?我都看到了。"

也不要过于认真地想在此时教育孩子:"不是吧,你昨天和爸爸去商场的时候,吃了那么多小吃,玩得多高兴啊。你刚刚这么想是不对的。"

如果你的反应是以上两种,那说明你太不了解孩子的心了。

其实,孩子现在心里想的是"我很难过",孩子在难过的时候需要的不是说教,而是一个拥抱,或一句安慰。

请试试这样对孩子说吧,用温柔的语气朗读下面的句子:

"嗯？突然想给你读一本有趣的书呢，

你去挑一本想听的吧。"

"哦？突然想陪你好好玩玩呢，

你想玩什么玩具啊？"

这样说了之后，你只需要好好地陪孩子玩就行了。

"今天发生了什么有趣的事情吗？"

"今天一天过得怎么样呀？""今天发生了什么事吗？"父母都会对孩子不在自己眼皮子底下的时间感到非常好奇。如果想知道，最好直接问孩子。

但有一点需要格外注意，问的时候请避开下列问题："今天没和小伙伴们打架吧？""今天乖乖听老师的话了吗？""作业完成情况怎么样呀？""今天的饭菜都吃完了吗？"……不管你有多么好奇，也不要把你的这些担心直接提出来问孩子。人们都不喜欢被监视的感觉，也不喜欢说自己做得不好的事情，孩子也是如此。

当孩子开始讲述自己的一天时，前后可能并不连贯，但我们应该做出听得很开心的反应，对孩子说："啊哈，原来是这样啊！"这样孩子才会愿意继续分享下去。如果父母觉得孩子的表述不符合"六何原则"而去刨根问底，即便孩子一开始说得很开心，心情也会被破坏，从而不愿意继续讲下去。

当我们听孩子讲故事时，有时候不用全部听完就可以猜测到下文，但是请不要提前下定论说"一定是你……了吧？"。有时候就算你猜对了原因和结果，事情的真相也并非如你所想。当你说自己知道了，但其实并不知道或者猜错了的时候，孩子会产生一种被欺骗的感觉。当孩子和父母之间的信赖被打破，孩子可能会不愿意与父母聊天。

请尽量让孩子能够开心地滔滔不绝讲下去，最好是选取一些能够放轻松好好聊天的话题开始对话。比如你可以问："今天发生了什么有趣的事情吗？能给妈妈讲讲吗？""有什么特别好笑的事吗？"或者也可以说："讲讲其他小朋友的故事也行。""你们班里有没有淘气包呀？"这样就可以引导孩子先去讲别人的故事。

请出声朗读一下吧：

"讲讲其他小朋友的故事也行。"
"你们班里有没有淘气包啊？"

"拜拜，下次见哦！"

在孩子们结束面谈要离开的时候，我会挥挥手对他们说"拜拜"。孩子们的性格不同，会用不同的方式跟我说再见。比较羞涩的孩子可能只是点点头或者望着我笑，有的孩子会像我一样挥手告别，还有更加活泼的孩子会用更加欢快的方式跟我再见。

但是此时，有的父母非要把孩子拽回来，让他们再次跟我道别。父母会让孩子把两只手放好，恭敬地对我鞠躬。这时，刚刚还开开心心准备离开的孩子会突然变得尴尬、拘谨。由于慌张而不知所措，最终孩子们与我的会面，就这样在尴尬中落下帷幕，变成了一次不好的体验。其实，只要孩子们把这次面谈的快乐真心地表达出来就够了，挥手道别又如何？点头道别又如何？

父母可能会说："你得跟吴院长好好说再见啊！"这时我会说："孩子已经跟我说过了，我看到了，他非常乖呢。"这并不是说我不提倡教给孩子恭敬地对大人道别的方法，只是这种情况下，更重要的是要让孩子在快乐中结束这次面谈。这次面谈让孩子感到开心，分别的时候才会期盼着下一次见面，这是更重要的。

当家里有亲戚来做客时，有的孩子不好好跟客人道别。孩子可能是因为害羞而不敢开口，也有可能是错过了开口的时机。这时，请不要在大家面前训斥孩子："你怎么不跟……说再见啊？"

大人应该先说："拜拜，再见啦，要记得我哦，我们下次再见。"

"下次见哦！"

请出声朗读一下吧：

"拜拜，再见啦，要记得我哦，我们下次再见。"

分别的时候，当我说了"拜拜"跟孩子们挥手的时候，孩子们都会嘻嘻地笑。这时我会说："我再教你们一个好方法。"说完我会把手放在嘴巴上给孩子们抛一个飞吻，孩子们就会笑着学我，也给我一个飞吻。

即便孩子不主动说再见，大人也应该好好地处理当前的状况。虽然形式也很重要，但无论什么时候，更重要的都是心意。

育儿过程中的"结尾",即"ending"是非常重要的

有的孩子不好好吃饭,妈妈为此很伤脑筋,一心想着怎么样才能让孩子好好吃饭,于是去买了新鲜的食材,准备了一顿丰盛的大餐。但是,妈妈把饭菜端上桌的时候,孩子却摇摇头表示不想吃。妈妈哄着孩子吃了几口,孩子就表示不再吃了。和孩子"斗智斗勇"许久的妈妈终于瞬间发怒,用很凶的语气训斥孩子:"喂,你怎么这样!"

有位爸爸一直没带孩子去国外旅行过,心里一直很不是滋味。于是,他花了一年的时间计划并准备去国外旅游,选好了非常美丽的目的地,还订好了可以玩水上游戏的酒店。他觉得很满足,认为自己是一个合格的好爸爸。但刚一到机场,他就开始不满,抱怨孩子们一直嘟嘟囔囔不听话,抱怨妻子把什么东西落在了家里没带来。整个旅行期间,他都是这样的状态。爸爸从旅行的第一天起就在和妻子吵架,大声发泄自己的不满。甚至由于生气不小心说了气话:"我以后再也不带你们出来旅游了!"

父母真的很爱自己的孩子,经常会想:"我要给他们什么呢?""我要怎样做把他好好养大呢?"但是,在实际育儿的生活中却总是做出与这份初心相违背的举动。最后总会在生气、发脾

气中结束。很可惜的是，就像孩子比较容易记得电影的结局一样，他们也更容易记得父母最后生气的样子。比如，因为自己不好好吃饭而发脾气的妈妈的脸、旅行途中爸爸说的气话，等等。

丰盛的食物、美丽的旅行地，其实都不是最重要的。孩子们会记得在明媚的阳光下妈妈笑靥如花的样子，记得和爸爸闹着玩而笑得快背过气去的经历。多年以后他们回想起来，还是能获得生活的勇气，并感叹一句："那时真的很有趣啊。"

在教育孩子的过程中，发生不如意的事情而想要发火的时候，请这样想一想：

"我最开始做这件事是为了什么？"

"怎么结束才能给孩子留下最美好的回忆呢？"

结局往往是最重要的。精心准备好的食物，如果孩子不想吃，请笑着对孩子说："好吧，那妈妈下次再给你做！"旅行的途中遇上不顺心的事情，请把这些事当作和孩子创造美好回忆中的一部分，开心地结束这场旅行。

请一定要记住，比起父母的初心，孩子更容易记住父母最后做了什么。

"你能理解我的心情吗？"

某电视剧的主人公曾经这样发问。

孤独和悲伤使他心如刀绞，他哭喊着，崩溃了似的跌坐在地上。

寻求他人对自己内心的理解，并非要求他人按照自己的意愿行事。

只是希望自己的心情和想法能被接纳、被认可，仅此而已。

即便我的心情与想法，和我所深爱的你有所不同，也希望你能尊重我，就像我尊重你一样。

因为当得到你的理解时，我才能感到安心。

"原来你是这样的心情啊。"

"理解"就是尝试去接纳别人的心情。

当有人试着理解我时，我的内心会变得温暖。

即便是一份小小的认可，也能在我的心里点亮微微烛光。

即便是现在的我们，也很渴望父母的理解。

成年的你我尚且如此，何况是我们的孩子呢？

温暖人心的"理解"

"现在别看电视了，我们出去散步吧？"

孩子沉迷电视节目，父母看着在电视机前一动不动的孩子，忍了很久终于爆发道："别看了！"然后一把拿起遥控器关掉了电视机。

当孩子沉迷于电视节目或手机游戏的时候，父母这样的处理方式是不合适的。孩子正上瘾，父母这样的"干涉"只会惹得他们不高兴甚至生气。如果我们直接关掉电视机，孩子会产生严重的逆反心理。虽然这样可以暂时阻止孩子继续看电视、玩手机、打游戏，但孩子却很难接受父母的教育，也无法改正坏习惯，甚至以后也不愿乖乖听父母的话了。

如果孩子年龄还小，我们在关掉电视之前应该说："你看了太久电视了，现在别看了，我们出去散步吧，或者去玩和面游戏？"我们应该给孩子准备一些能够替代电视节目的娱乐活动，供他选择。你可以根据孩子实际生活中喜欢的活动，对例句进行部分替换。

如果孩子年龄大一点，我们可以提前二十分钟左右提醒孩子："二十分钟之后就不许再看电视了。"

在跟孩子谈论目前不好改正的行为时，我们不应该把对话的内容聚焦在孩子所沉迷的事情上，而应该把注意力转移到其他活动上，这样孩子更容易听父母的话。

请出声朗读一下吧：

"你看了太久电视了，

现在别看了，

我们去散步吧，

或者去玩和面游戏？"

"原来你觉得弟弟很烦啊。"

当孩子诉说正面情绪时，我们往往很容易接受；但当孩子吐露负面情绪时，我们却很难听下去。大概是因为听了之后心情会变差吧？有的父母在听到孩子宣泄负面情绪时，会批评孩子说："你不能这么说，只有坏孩子才说这种话。"孩子表达了自己的真情实感，却挨了训斥，他们以后可能就不敢轻易对父母吐露真心了。

孩子说觉得弟弟很烦，你需要先对他此刻的心情表示认可和理解。

你可以试试这样说，请出声朗读一下吧：

> "啊，原来你觉得弟弟很烦啊。"

听到父母这样说了，孩子才愿意继续表达。这时候，请注意不要妄加评价，静静地听孩子说就好了。

父母和孩子对话的时候，容易有两种习惯。

其一，一旦我们感觉到孩子的想法有什么不妥，就会非常担忧，从而无法忍受，只想赶快指出孩子的错误。但是不知不觉就会开始强迫孩子转变想法，甚至训斥孩子道："你不能这么想，这么想是不对的。"

其二，在和孩子交谈时，父母总想要取胜。其实，不仅仅是在和孩子交谈时才这样，我们在人际关系中总是误认为"取胜"是非常重要的。而"取胜"无非就是说服对方，让他听自己的话，于是我们就开始只说自己想说的话。

这两种习惯都是典型的不合适的对话方法。比起对孩子说什么，更重要的是我们应该用心聆听孩子的话语、用心体会孩子的话中所蕴含的心情。

"好的方法是……"

父母经常会陷入这样的误区：只指出孩子不对的行为，却不告诉孩子改正的方法。

遗憾的是，在多数情况下，很多父母都只会凶巴巴地指责孩子"不能这么做"，却并不告诉孩子"应该怎么做"。我们不能只提问题，而应该教给孩子正确的解决方案。否则，孩子以后再遇到类似的情况，依旧不知道该如何处理，他们还会重复犯同样的错误。

在教育孩子之前，请先思考一下。"我应该教给他什么呢？怎样才能更亲切、更仔细地教他，让他更容易理解并付诸实践呢？"这样才能避免把"教育"变成"训斥"。孩子才能学会正确的解决方法，避免重蹈覆辙。

我们可以熟记一些表达，便于根据具体情况灵活运用。请一字一句地朗读一下吧：

"好的方法是……"

"这样做就好了。"

"下次你这样试试。"

"妈妈想和你一起吃。"

当孩子不愿和兄弟姐妹或朋友们分享玩具、食物时，当孩子不愿和他人共用一件物品时，父母会教训孩子说："你怎么这么自私啊？为什么只想着自己？"但是，小孩子这样是很正常的。

三到五岁的小孩更是如此。这个时期，他们尚无法摆脱以自我为中心的思维方式，于是他们误以为对方怀着和自己一样的想法。如果自己喜欢，就会误以为对方也喜欢，对方也像他们一样珍爱某件玩具，所以才会不愿与他人分享。

虽然这样说可能会给各位造成心理负担，但是父母需要成为孩子的好榜样，教给孩子正确的价值观。比起听，孩子更容易从亲眼所见中学习人生道理。因此，用严厉的教训和命令来教给孩子"分享的价值"，其实是不符合常理的。让孩子无条件服从，实际上是一种"独裁"。

比起训斥孩子，我们更应该先让孩子感受到友情的珍贵，以及乐于助人、善于分享所带来的满足感。最好的方法是，直接创造让孩子可以体会到这种满足感的机会。这在家里就能够做到。当你买了好吃的面包回家时，可以对孩子说："这是妈妈特别喜欢的面包，真的非常好吃，妈妈想和你一起吃，你要尝一口吗？"父母展示给孩子乐于分享的样子，孩子才会慢慢地体会到"分享"的意义。

请出声朗读一下吧：

"这个面包真的非常好吃，
妈妈想和你一起吃。"

"妈妈想和你一起吃。"

"等你下次准备好了，再弹给爸爸妈妈听吧。"

孩子学钢琴很久了，有一天，父母想让孩子弹一下，孩子却摇头拒绝。这时，请不要这样批评孩子："你怎么这么没用，在爸爸妈妈面前都不敢弹吗？你为什么害羞啊？"请不要训斥或贬低孩子，也不要露出失望的表情。比起外界的奖赏和称赞，孩子更重视父母的认可、支持和鼓励。

这种情况下，请面色温和、语气轻柔地对孩子说："如果能听你弹一首，爸爸妈妈真的会很开心。等你下次准备好了，再弹给爸爸妈妈听吧。"如果以前我们的父母能这样说，该有多好啊！

当孩子提到父母，如果联想到的第一个词是"包容"就好了。

请用包容的语气朗读一下吧：

"如果能听你弹一首，

爸爸妈妈真的会很开心。

等你下次准备好了，

再弹给爸爸妈妈听吧。"

　　包容的声音是什么样的呢？是只有在你内心平和时才能发出的声音。所以请不要担忧地说："在爸爸妈妈面前都不敢，他以后可怎么办啊？"你的孩子还不到八岁，现在做不到也没关系，并不代表以后也做不到。而且，孩子在父母面前可能会更加害羞。因为他们想在父母面前表现得更好，他们担心做不好会挨批评。这时，孩子最需要的不是父母的担忧，而是"包容"。

比起"这样说是不对的"，
父母应告诉孩子"这样说是对的"

有一个七岁大的小男孩，情绪非常敏感，不善于表达感情。有一天，他对幼儿园老师说："你这个傻瓜，快去死吧！"虽然在这之前，孩子的内心可能受了某种伤害，但这样说也是明显不合适的。那么这种情况下，我们应该怎么教育孩子呢？

我会这样问孩子："××啊，我听说你最近经常被老师责备？"

孩子可能会问："什么叫责备啊？"

我回答："嗯，就比如说，老师经常喊你的名字，叫你不要做这做那。"

孩子含糊其词地应了声。

"你心情很不好吧？我听说你叫老师'傻瓜'？"

孩子用很小的声音说了声："是的……"然后他突然问我："吴院长，我是坏小孩吗？我妈妈说，只有坏小孩才会说这么过分的话。"

我说："不是的，你不是坏小孩。你对老师这样说，其实是想表达'我现在心情很糟糕，我对老师很生气'的意思吧？"

他点点头，说："是的是的！"

我告诉他："人要表达内心的真实情绪，生气的时候要表达出来，让对方知道。但是，更好的方法是直接对老师说：'老师，我生你的气了！'而不是叫老师'傻瓜'或'笨蛋'。"

孩子说："是这样吗？这才是更好的方法吗？"

"对啊，'傻瓜'这个词会让人心情不好，你也不是真的想辱骂老师对吗？比起让老师'去死'，更好的做法是说'老师让我感到非常难过'。"

孩子眼眸一亮，肯定地说道："没错没错！"

孩子又问："我让老师'去死'，是不是说明我是个坏小孩呢？"

我说："不是的，你不是坏小孩，只需要告诉老师你很难过就好了。"

如果仅仅告诉孩子"这么说是不对的"，其实是压抑孩子表达感情的语言方式。这样父母就无法靠近孩子的内心世界，也无法教给孩子道理。因此，父母不能只指出问题，还应教给孩子"你这样说会伤害对方的心情，所以更好的表达是……"。

我们无法阻止孩子说出一些冲动的话。如果一味地批评孩子做得不对，虽然能够制止孩子的过激言论，但并没有帮助孩子学会该用什么表达去代替过分的言辞来宣泄负面情绪。这样一来，当孩子内心的愤怒再度爆发，极有可能做出过激行为。我们应该教给孩子，一切问题都可以用话语来表达、用沟通来解决。所以不要只是告诉孩子"不对""不可以"，而是应该教给孩子，用什么样的表达方式可以代替过激话语去宣泄内心情绪。

"来改正一下这个问题吧！"

人在把自己粉饰成其他面目的时候，常常会感到孤独。别人眼里的自己和真实的自己都会有差距，但是差距越大，人就会越孤独。

然而，有些父母常常在不自知的情况下让孩子感到更孤独。

有个上初二的男孩子，学习成绩很好，在同学中备受欢迎，唯独不擅长收拾房间。无论父母怎么强调，孩子还是学不会整理，父母感到非常不满，于是说："你只有学习好有什么用啊？房间像个猪圈似的，你的朋友们知道你这副样子吗？"父母误以为，这样说等于告诉孩子"你要整理房间"。

但孩子会怎么想呢？

他会感到羞耻，会对自己产生巨大的困惑："我到底是什么样的人啊？"他一边这样想，一边感到孤独，甚至会觉得自己很差劲。

你可以这样教育孩子，请出声朗读一下：

"我们××，其他事都做得很好，唯独整理房间的能力有点弱呢，不过这也不是什么大问题，我们来改正一下吧？"

每个人都是多面体，有时勤劳，有时懒惰，有时聪明伶俐，有时笨拙迟钝。有人喜欢你的某一面，而有人会讨厌你的某一面。如果我们去贬低还在成长中的孩子，他们的心灵可能会受到伤害，很难接纳自己真实的多面性，从而在独处或与他人相处时感到孤独。并且，他们唯恐自己的某一面暴露出来会受到批评，于是不敢在他人面前堂堂正正地展现真实的自己。

父母看过最多孩子不成熟的一面，请认可并接受孩子的本来面目吧。人都有自己擅长和不擅长的事情，不擅长的事可以慢慢改正，家长只需要帮助孩子就好了。只有这样，孩子们才能欣然接受自己真实的面貌。

"来改正一下
吧？"

"努力是最重要的。"

孩子已经很用功了，却依然没有取得好成绩。这时，父母应该怎么办呢？

请出声朗读一下吧：

"这次虽然考得不好，但爸爸知道你努力了。努力是最重要的，这就足够了。"

关于孩子的学习成绩，父母需要坦然接受：有的孩子无论怎么努力，成绩可能都不突出，但孩子成绩不好并不代表没有努力，也不代表孩子无能。只要孩子付出了努力，就会懂得越来越多的知识，实力也会增强，更有能力战胜困难。所以只要孩子努力了，就足够了。

我们育儿也是如此，只要每个瞬间都尽心尽力就好了。有时结果不尽如人意，我们也会犯错、会后悔。但是，请在心里默念"下次不会再这样了"，然后继续努力就足够了。即便无法保证下次一定会成功，但只要努力了，就不后悔。

"对不起，以后不会这样了。"

　　有位父亲很疼爱女儿，经常会想抱抱她。但不知从何时开始，当他想要抱女儿时，女儿会说"爸爸，你像个变态似的"，然后一把把他推开。这位父亲心里很受伤，他那么爱女儿，却被说成"变态"，让人多么惊慌失措啊！

　　我也理解这位父亲当时慌张、失落的心情，但请不要生气，孩子的反应没有错。如果孩子不喜欢，不论你有多么难过，也请妥协一步，对孩子说："知道了，对不起。"

　　请用温和的语气出声朗读一下吧：

"爸爸是因为爱你才这样的，

绝对不是变态。

如果你不喜欢，

爸爸以后不会这样了，

对不起。"

　　即便父母没有恶意，但孩子不喜欢，我们就不要做，这也是出于对孩子的尊重。

　　有的父母认为，孩子夸张的反应伤害了他们的自尊心，就算孩子说不喜欢还是照做不误。这是因为他们觉得，如果妥协，就意味着孩子不听自己的话，自己却要去听孩子的话，所以感到了挫败。父母的这种想法会进一步破坏亲子关系。

"你为什么不这样认为呢？"

自尊和自信有什么不同呢？自信是指在任何情况下都相信"我能做到"。比如，在才艺展示时间，如果让孩子去跳舞，孩子说："我不太会跳舞，可以不跳吗？"这是不够自信。但如果孩子说"我不太会跳舞，但我会唱歌，我来唱歌吧"，这就和自尊有关了。即便孩子不会跳舞，也不认为自己不够好。

自尊心，自尊，自信，三者中哪个才是人生最重要的价值标准呢？我认为是自尊。自尊意味着正确认识真实的自己并全盘接受。只有清楚地知道自身的长处和短处，优势和劣势，才能变得更有自尊。自尊感高的孩子，不管在什么情况下、在什么人面前，都不会畏缩，即使是自己做不好的事，他们也能"自信地"承认。

那么，我们要怎么帮助孩子提高自尊呢？不要一味强调成功或者结果，我们要格外注意孩子的想法和需求。现在改变也不算晚，请家长们真心地尊重自己的孩子吧。

我来教你一招最简单的对话方式，就是当孩子说"我不那么认为"的时候，亲切地反问他："你为什么不这样认为呢？"

请出声朗读一下吧：

"你为什么不这样认为呢？"

Chapter 3
050

"是吗？没听到吗？"

　　有时候，你分明告诉了孩子，孩子却说没有听到，这时，请不要训斥孩子："哎呀，我明明说了，你为什么没听到？"这样我们会忘记本身打算说的话，转而和孩子吵架。这种白费口舌的对话只会伤害双方的感情，起不到实际作用。这种情况下，请平和地接受孩子的错误，对孩子说："是吗？没听到吗？"

　　即便父母说过了，孩子可能还是会因为各种理由没有听进去。请对孩子说："下次有重要的事情，妈妈会大点声说，这样你才能听见。"然后请准确地再告诉孩子一遍他没有听见的话。

　　请出声朗读一下吧：

> "是吗？没听到吗？
> 下次有重要的事情，
> 妈妈会大点声说。"

137

孩子每天都要做一件事，父母想当然地认为孩子每天都做，一定会记得。但是有时孩子仍然会忘记，并且会嘟嘟囔囔地责怪父母："你们也没说让做啊，冲我发什么脾气呢？"这时，请对孩子说："妈妈没告诉你每天都要做吗？看来我上了年纪开始忘事了。对不起，明天开始，妈妈会每天提醒你的。"

　　合格的家长要学会先承认自己的错误。

就算孩子做错了事，也请认可其中合理的部分

孩子睡觉前刷了牙，却突然想吃软糖。妈妈说："你该睡觉了，都刷过牙了，不可以吃软糖。"孩子开始编瞎话："不是想现在吃，我说的是明天吃。"

其实在这种情况下，我们可以让孩子吃过软糖再刷一次牙。但父母往往会过度强调"现在不可以吃软糖"，很难做出让步。

孩子从幼儿园放学回家，桌上摆着妈妈做好的曲奇饼干。孩子想先吃一块，妈妈却大喊："不行！"因为妈妈坚持"从外面回来吃东西前要先洗手"。

孩子放学后本应马上去补习班，今天却迟到了半个小时，补习班老师打电话称联系不上孩子。后来才知道，孩子是因为帮好朋友找丢失的手机才迟到的。父母批评孩子说："你先管好自己吧，不是说好了一放学立刻去补习班吗？"

父母的话没错，但这样说，孩子会因无力反驳而说谎搪塞。在孩子看来，父母的话是正确的原则，丝毫没有反驳的余地。这样一来，孩子就无法自由地表达自己的想法或诉求。

那么这种情况下，父母应该怎么做呢？

我们可以这样说："妈妈知道你很爱吃软糖，本来应该吃了再

刷牙的，但你已经刷完牙了。你现在还是很想吃吗？"如果孩子点头，我们应该肯定孩子当下心情的合理性："小孩都好喜欢吃软糖啊！妈妈理解你。"只有肯定这合理的部分，再发生类似的情况才不会难办。然后请对孩子说："那你就吃吧，但吃完要再刷一次牙。是不是很麻烦啊，但是必须要刷。"

对没洗手就想吃饼干的孩子，我们可以这样说："你这么等不及要吃饼干啊。"然后可以喂孩子吃，或是先用湿纸巾帮孩子擦手，等吃完饼干后，再擦干净就好了。

我们需要教给孩子，刷牙和洗手都是为了他们的健康着想。我们需要认识到：尽管有时可能不合时宜，但孩子们想吃软糖和饼干的心情是可以理解的。

上补习班迟到的孩子也是如此，帮助朋友寻找丢失的手机，是助人为乐的行为。我们需要对这一部分的合理性表示赞同。然后，我们要教给孩子这种情况下更好的处理方式。

孩子们在成长发育的过程中，总会出现各种各样的问题，这些都是正常现象。不同的孩子会遇到不同的问题，父母很难掌握所有问题的解决方案。父母在看问题时，即便孩子的确做错了，也需要认可其行为中合理、正确的部分，这样才能更好地解决问题。

这些合理的部分，可能是孩子的想法，也可能是某些行为。

哪怕是很微小的部分，父母也应该对其合理性和正当性表示认可：
"这样想也没错""你的判断是正确的""这一点做得很好"。因为得
到了这样的认可，孩子的自尊心会增强，才能更好地接受父母的
说教。

"剩下的要和其他小伙伴一起玩哦。"

有的孩子很讨厌朋友来家里玩的时候乱动自己的玩具。父母想让孩子和小伙伴愉快玩耍，才把别的孩子邀请到家里。孩子这样闹情绪，有些父母会觉得很尴尬。此时，有的父母会批评孩子："你再这样，其他小朋友都会不喜欢你的，人家都不愿意和你一起玩了。"很多孩子听后会回答："知道了，那我以后自己玩。"

有的孩子不喜欢与别人分享自己的玩具，可能不是因为自私，而是因为担心。内心不安的孩子很重视自己与他人之间的"安全线"，别人乱动自己的玩具，在他们眼里是一种"越界"的行为，所以才会抵触。

我们可以这样开导孩子：

"哪些玩具是绝对不允许别人碰的？把这些玩具收起来，剩下的要和其他小伙伴一起玩哦，等玩完了他们会还给你的。"

142

想让孩子体会到和其他朋友一起玩耍的快乐，我们必须先尊重孩子的"安全线"。在邀请其他小朋友来玩之前，我们要充分了解孩子的意愿，并试图达成妥协。如果孩子同意和小伙伴们分享玩具，我们再发出邀请。孩子的"安全区"范围可以缩小至他所允许的范围内。当其他小朋友来玩的时候，我们必须要遵守之前做出的承诺，如果为了招待好其他小朋友而违反约定，孩子以后会更加固执地不愿意分享玩具。

　　那么对于不肯妥协的孩子，该怎么办呢？我们可以事先跟其他小朋友的家长说明自家孩子的情况，请他们带几件玩具过来玩。为人父母，应该都会理解的。这样一来，自家孩子和别人家小朋友都不会闹情绪，还能够感受到一起玩耍的乐趣。当孩子亲身体会到在"安全区"内和朋友玩耍的乐趣后，他的不安就会逐渐缓解。

"哪里出问题啦？"

　　有的孩子来咨询室时，玩到一半会突然把手里的玩具扔出去，这说明他因为不顺心的事情在生气。这时，我会问："怎么啦？哪里出问题啦？要不要我帮你呀？"当孩子解释了原因后，我说："突然不高兴啦？但也不能乱扔玩具，不高兴就拿玩具出气，可不是好方法。"勃然大怒的孩子并不会因为我的话立刻安静下来，但一般都会乖乖回答："好的。"

　　当孩子遇到不顺心的事情而发脾气时，我们可以这样说，请用温柔的语气来朗读一下吧：

"哪里出问题啦？需要爸爸帮你吗？"

"突然不高兴啦？但也不能乱扔玩具，

不高兴就拿玩具出气，可不是好方法。"

"你当时心情应该很糟糕吧。"

当孩子的言行举止不合适时，我们应该当场斩钉截铁地告诉他"不能这样"，等双方都冷静下来后，再慢慢跟孩子解释其中的道理。

你问孩子："你刚刚为什么那样对你的朋友？"孩子说，是因为担心朋友拿走自己的玩具才发脾气。此时，请不要说："人家干吗拿你的玩具啊？是你不愿意借给人家，还说那么过分的话！"

想要阻止孩子的攻击性行为，首先要帮助孩子消解心底的怒气。而消解这种怒气，需要父母的同理心。同理心要求我们从人类的普遍感情和常识的角度出发去理解孩子。即便我们没有亲身经历过，也要能够换位思考。试想一下，我们喜爱的宠物狗，别人却可能万分厌恶，这样的立场差异可能会引发争吵。因此，在任何时候，我们都应该学会换位思考，在刚刚的情况下，我们可以对孩子说："原来你怕他拿走你的玩具啊，你当时心情应该很糟糕吧，你那么喜欢那个玩具。"充分地换位思考后，再教给孩子"但即便如此，你也不该对朋友发脾气"就好了。

请一字一句地朗读一下吧：

"哦，原来你是那样想的，当时心情应该很糟糕吧。"

孩子所感受到的情绪不是毫无缘由的，就算你无法理解，也要认可其合理性。

"听见了，知道了，但请等一下。"

你正在给小的孩子喂奶，稍大一点的孩子却叫你帮他把柜子顶上的玩具箱取下来。这时，你应该说什么呢？没错，就是"等一下"。此时重要的是，我们要对孩子的请求有所回应："妈妈听见了，你是想让我帮你拿柜子顶上的玩具箱对吧？没问题，但你要等一下。"

你还在继续给小孩子喂奶，过了一会儿，较大的孩子又开始喊："不是说了给我拿吗，怎么还不拿啊？快点！快点！"此时，我们要告诉孩子，自己已经听到了他的请求，并且对他说："再等一会儿妹妹就吃完了，等她吃完我马上给你拿，你再等一下，现在妈妈没法不管妹妹啊！"

这样说了之后，有的孩子并不会乖乖回应："好的，知道了，我会等妹妹吃完的。"尤其是没有接受过这方面教育的孩子，听了父母的话后甚至会开始哭闹。尽管这样，我们也不能心软，眼神也不要瞟向他。在孩子等待的期间，无论他说什么、做什么，都不要管他。偶尔可以看着他的眼睛告诉他："等一下！"

请出声朗读一下吧：

"妈妈听见了，

你是想让我帮你拿柜子顶上的玩具箱对吧？

知道了，但请等一下。"

148

Chapter 3
055

"这次比上次更快地止住了哭声呢！"

　　平日里，孩子只要一开始哭就收不住，几乎一整天都眼泪汪汪的，但今天却不知为何，只哭了一会儿就自己停下了。这时候，千万不要说"今天怎么回事啊？你看，明明能不哭的"之类的话。孩子不哭了，就不要管他。但是，如果孩子上次哭了半个小时，而这次只哭了十五分钟，请记得夸夸他："爸爸觉得，你比上次更快地止住了哭声呢！"

　　孩子每一天都在改变，今天的孩子已经不是昨天的孩子了。每时每刻、每天、每周，孩子在一点点长大，每天会呈现出不同的面貌，但是父母很难每天采取不同的教育方式。

　　请留意一下孩子今天的行为中，相较于昨天有所改善的部分吧，找到后请夸夸孩子。称赞比教训更有效果，在称赞孩子的时候，我们的心情也会变得更愉悦。

　　请出声朗读一下吧：

149

"爸爸觉得，

你比上次更快地止住了哭声呢！"

150

育儿小故事

"我跟你说过多少次了"是什么意思？

你对孩子说过"我跟你说过多少次了"吗？

今天我想和大家探讨一下这句话的含义。我认为，父母最好不要对孩子说这句话。

"我跟你说过多少次了。"

这句话多在孩子屡教不改的情况下使用。当我们说出这句话的时候，其实我们自己也没发现，这意味着我们认为孩子理应一次性改正所有错误。我们并没有深刻体会到，父母要亲切地教无数次孩子才能学会某一道理的事实。并且，这说明我们不允许孩子犯错误。

就算孩子能够理解父母强调了多次的话，也很难在短时间内改正错误。因为他们只是孩子，他们需要一个过程来按照自己的方式去学习。这个过程可能会比父母设想的要长得多，因此，父母的强调和重复是非常必要的。

"我跟你说过多少次了。"

父母常常在孩子的反应不合心意，或是孩子明明应该听得懂，却不做出改变，又或是不承认自己的错误时使用这句话。父母希望孩子按照自己预想的方式去做出反应，这其实是一种强迫，不仅要强迫孩子，还要去"攻击"孩子。

最后，"我跟你说过多少次了"其实是父母以自我为中心的话，孩子可能根本听不懂。虽然父母主张"再一再二不再三"，但孩子可能需要二十次机会。要试多少次错才能学会，不取决于教的那一方，而是要根据学习者自身而定。从这个角度来看，"我跟你说过多少次了"其实带有指责意味，相当于"我已经说了那么多遍，你怎么还是不明白啊"，父母说这话的时候其实根本没有考虑到孩子的心情。

在你想说这句话之前，请先等一等，深呼吸一次，保持声音平和。

请你对孩子这样说："还是觉得很难吗？我再教你一次吧。"

"是啊，吃得很快呢，真棒！"

我想分享一个关于孩子顶嘴的故事。

一位妈妈对孩子说："最近幼儿园的老师说，在大家读童话书的时候，你总是跑去其他地方，吃饭也很慢……"孩子会迫不及待打断妈妈的话说："才没有呢，我最近吃饭吃得很快！"此时，请不要反驳说"你什么时候吃得快了？"或是"说什么呢？你昨天也慢吞吞的……"。孩子说"我做得很好"的时候，请应和他："是啊，你做得很好。"只有这样，孩子才不会形成顶嘴的坏习惯。我们可以先顺着孩子的话说"是啊，吃得很快呢，真棒"，然后接着说我们本来打算说的话。

请出声朗读一下吧：

"是啊，吃得很快呢，真棒！"

幼儿期的孩子们格外喜欢顶嘴，这是因为他们的语言能力不足以把握整体的脉络，所以他们会过分纠结于某个词而突然打断大人说话或接二连三地顶嘴。

153

这时，请不要责怪他们，如果对孩子发火，父母反而会过分纠结于孩子顶嘴，从而忘记原本要说的话。孩子也会变得更敏感，甚至会出现抠字眼、顶嘴的情况。

"努力就能做好！"

有些孩子做事总是犹豫不决。有的可能是因为害怕失败，所以只想做擅长的事情，他们或许是完美主义者；有的可能是因为讨厌失败，不想丢脸，这其实是一种不安的表现。

不敢对视，不敢实践，这些孩子其实非常想做好，父母应该更加留心并主动靠近他们。对待这样的孩子，我们不能过度夸奖，也不能不夸奖。在该表扬的时候，只要淡淡地说一句"你做得很好"或是"努力就能做好"就够了。过度夸张的表扬，反而会让孩子担心下次做不到那么好，而不愿去尝试。

请慢慢地出声朗读一下吧：

"努力就能做好！"

表扬的是过程，不是结果。我们要找到孩子努力的过程，用具体的言语去夸奖他。虽然我们也要表扬孩子取得了好成绩，但如果只重视结果，孩子会认为当结果不理想时，就得不到父母的认可。

你看，仅仅是一个夸奖，也不容易吧？

比如，孩子考了一百分。比起"哎呀，我们宝贝真厉害"，更好的说法是："你考了一百分，妈妈真的很高兴，因为这说明你没有失误，把问题全都答对了！"比起"果然是我的宝贝"，更好的说法是："考得真不错，爸爸知道你最近用功学习了。"

"哇，听起来很有趣，妈妈要做什么呢？"

虽然玩耍是一件令人愉悦的事，但父母陪孩子玩却不容易。

许多父母坦白，不知道怎么陪孩子玩。他们来咨询的时候，我也时常观察父母陪孩子们玩耍的场景。我发现，有的父母根本不知道怎么陪孩子玩，有的父母则是不管孩子，只做自己的事。

在这里，我想提两点陪孩子玩耍的诀窍。第一，听孩子的话；第二，有不明白的要向孩子请教。

在选择玩什么游戏的时候，要让孩子充分地探索，发挥主导作用。当孩子选好玩具走过来说："妈妈，我们一起玩小汽车吧！"请你对孩子说："哇，听起来很有趣，妈妈要做什么呢？"千万不要说"那个没意思，我们玩别的吧"。在玩耍的过程中如果有不懂的，就直接问孩子："这时候该怎么办呀？"请记得，在玩耍的过程中，你坐上了一艘名为"玩乐号"的船，船长是你的孩子。

一起玩耍的时候，如果孩子不会操作玩具，请你一边说"啊，好像是这样子吧"，一边帮助你的"船长"操作，你只需

157

要扮演一个机灵的助手就好了。

　　请出声朗读一下吧：

"哇，听起来很有趣，妈妈要做什么呢？"

"这时候该怎么办呀？"

"啊，好像是这样子吧。"

"对不起，原来你不喜欢啊，以后不会这样了。"

有的爸爸在陪孩子玩的时候，总爱逗孩子。比如拿球砸孩子、用玩具刀假装刺孩子，或者用孩子很害怕的恐龙和鳄鱼玩具假装被咬，然后扔到孩子身上，等等。孩子很烦躁地大喊："别这样！"但爸爸们却觉得兴致十足，嘴上说着"对不起，爸爸错了"，下一次还是会再犯。

不管你觉得孩子有多么可爱，都不要这样逗他们。即使你觉得很有意思，只要孩子不喜欢，就不要去做。虽然只是在玩游戏，但我们也要注意尊重孩子。如果孩子不喜欢，我们应该道歉："对不起，原来你不喜欢啊，以后不会这样了。"

各位家长们，请出声朗读一下吧：

"对不起，
原来你不喜欢啊，
以后不会这样了。"

　　当我们陪孩子玩的时候，不要惹恼孩子，不要开很过分的玩笑，也不要一直逗他们取乐。否则，孩子非但感受不到愉悦，还会因为受挫而心情变得更加微妙、复杂。当孩子和大人做游戏的时候，认为只有赢得胜利，他们才会停止惹恼自己、逗自己玩，所以非要取胜不可。如果输了，他们会觉得被大人取笑了，从而自尊心受挫。这样一来，玩耍在孩子心里反而成了受罪。

　　当我们陪孩子玩的时候，切记不要拿孩子取乐。有的大人觉得看孩子被逗的反应很有趣，哪怕把孩子惹哭了也不亦乐乎。切记，孩子不是我们的玩具，我们应该照顾孩子的自尊心，不要拿他们开玩笑。只有真心尊重他人，才会受到他人的尊重。

"你真的很棒！"

"你真的很棒！"我希望每对夫妇都能这样互相夸赞对方。虽然把育儿称作一项"任务"有些不妥，但在养育孩子的过程中，的确会遇到很多琐碎的小事，还有些事做了也不会有立竿见影的效果，不做也没什么大碍。很多时候，夫妻需要停下脚步，去关怀一下被这些琐事搞得团团转的对方。有的时候，妻子可能会突然对丈夫发火、挑毛病，甚至说一些伤人的话，这是因为她们被内心的压力压得喘不过来气了。

今天留一个小作业，请告诉你的妻子（丈夫）："我越想越觉得，你真的是一个很出色的人，你真的很棒！"

要来彩排一下吗？请出声朗读一下吧：

"我越想越觉得，

你真的是一个很出色的人，

你真的很棒！"

　　我们有必要经常和重视的人、亲近的人聊聊人生，不要只说一些虚无缥缈的空话。

　　请多和你的伴侣聊聊人生话题吧！悲伤或是挫折、压力或是痛苦、烦恼或是纠结……

请听孩子把话说完

请闭上眼睛想一想，今天你听孩子说了多少话呢？

我们都不擅长倾听，甚至没有耐心听对方把话说完。其实，只要我们学会倾听，就能规避很多人际关系中的矛盾和冲突。

父母对孩子尤其是如此，因为父母会觉得自己比孩子懂得多、想法更正确，甚至觉得不用听，自己也能知道孩子想说什么。

所以我们会时常打断孩子："净说些没用的。""别说废话，按我说的做。""你知道什么呀！""知道了，知道了，我知道你想说什么。""你还敢顶嘴？""知道了，等会儿再说。"

但是，世界上没有谁说的话是没用的，也没有人能判断出对方到底知道多少，更没有人能够完全知道他人想说什么。亲子关系也是如此。

我认识的一个孩子说，他很讨厌父母对自己说"知道了"，父母明明嘴上说着"知道了"，其实却根本不了解孩子的内心。

你想了解自己的孩子吗？那就不要打断他，就算孩子扯着嗓子跟你顶嘴，也请耐心听他把话说完。不要只是关注他说话的态度，也用心听听他说了些什么吧。

如果孩子沉默不语，我们就没有渠道去了解他的问题了。比起孩子不听话或是顶嘴，最严重的问题是孩子不愿意开口。

大家读过《窗边的小豆豆》这本书吗？小豆豆刚上一年级的时候，因为淘气被学校退学了。之后她来到了巴学园，这本书记录了小豆豆在巴学园的一些回忆。到达巴学园的第一天，校长先生让小豆豆把想说的话都倾诉出来，然后听小豆豆倾诉了足足四个小时。在这期间，校长先生没有打过一次哈欠，也没有露出不耐烦的神色，而是身子前倾，表现出对接下来的故事非常好奇的样子。

一股脑儿倾诉完之后，小豆豆心想："这是我出生以来，第一次遇到这么好的人。和校长先生待在一起，多久都不会厌烦。"

由此可见，当我们真心倾听孩子说话时，孩子的内心有多么喜悦。

"怎么回事啊？"

　　有的兄弟姐妹很喜欢争吵，好像不争个你死我活誓不罢休。这种时候，请不要偏向任何一方，你只需要说一句"别吵了"来制止他们就好。

　　当我们插手孩子们的争吵时，绝对不能偏向某一方，不论我们自认为有多么公正，受批评的孩子都会觉得委屈。因此，我们既不能训斥有错在先的孩子，也不能两个孩子一起批评。我们可以把孩子们分别带回各自的房间，问他们"怎么回事啊"，然后把要教给他们的道理分别教给他们就好了。

　　请出声朗读一下吧，第一句的语气要坚决一点，第二句则要温和一点：

> "别吵了！"
> "怎么回事啊？"

　　当孩子吵架时，我们要时刻记住：不论是两岁的妹妹和四岁的哥哥吵架，还是三岁的弟弟和五岁的姐姐吵架，没长大的孩子其实都处于相似的成长阶段，即幼儿期。所以我们不能想当然地认为年龄稍大的哥哥姐姐应该比弟弟妹妹懂事。当我们问孩子吵架的缘由并教育他们的时候，请切记：他们的成长阶段是一致的。

另外，有的兄弟姐妹会由于各种原因互不相让，此时爆发的争吵可能并没有具体的原因，真正的原因可能是孩子和父母的关系出现了问题。这种问题通过孩子们的争吵暴露出来，孩子可能是在父母那里受了委屈，才拿兄弟姐妹撒气的。

年纪小的孩子是不会讨厌某个人的，他们还尚未学会"讨厌"，只是因为和某人相处的过程中心情不好才发脾气。妒忌也是一样，这些情绪归根结底都来自孩子和父母关系中的问题。因此，只有从根本上解决亲子关系的问题，孩子们之间的关系才会更和睦。

"只要用心学，你能做到的。"

如果上一年级的孩子还没学会用筷子，或者不太会握笔，我们应该耐心地教孩子，怎么拿筷子、要在哪里用力。

但有的家长会这样说："哎呀，你都上一年级了，怎么连这个都不会？我四岁开始就自己拿筷子了！"

这样说会给孩子造成伤害。虽然我也理解，父母只是希望孩子能用心学，但更好的方法是，你可以跟孩子分享一下自己失误或失败的经历。比如："爸爸以前也觉得这很难""应该是这样的""你可以这样子试试"……向孩子传达出"当时在努力学习"的感觉，孩子才不会抵触，从而用心学习。

你可以试试这样教孩子，请出声朗读一下吧：

"看仔细了，爸爸好好教你一次。
只要用心学，你能做到的。"

　　如果孩子不太会用叉子、筷子，请握住他的小手好好地教他；如果孩子不太会穿衣服，你可以说："你看，这里有个洞吧？把胳膊从这个洞里穿过去。看仔细了，不然胳膊会卡在错误的地方，穿衣服就会花很多时间。你试一下，没错，就是这样，做得好！"

　　当孩子有什么事情做得不顺利时，父母要注意自己的言辞。这种情况下，我们无心的话里可能会含有对孩子的批评、轻蔑等负面情绪。孩子听了很容易自尊心受挫，从而失去自信。

"颜色混在一起更好看了。"

　　孩子画完画，上好色后问你："妈妈，我画得好吗？"这时，请用非常肯定的语气夸奖他："真的很好看！"不要犹豫半天后吞吞吐吐地说："嗯……嗯……挺好的，但是这里应该涂得轻一点吧。"这样说，孩子会泄气。无论何时，我们都要充分地肯定孩子的成果。

　　就算孩子做的和你想的有些出入，就算有些地方的确需要改进，还是要记得先夸孩子。配合着孩子的心情，我们可以调整夸奖的力度。另外要注意，在夸奖的时候，我们要尽可能具体。

　　你学会了吗？请出声朗读一下吧：

> *"哇，画得真好！颜色混在一起更好看了。"*
> *"哎呀，真的好棒！"*

　　父母的夸奖其实给孩子提供了内心衡量的标准。有的父母担心"如果老是夸他，孩子会不会变得狂妄自大呢"或是"孩

169

子会不会只爱听夸奖，听不得批评啊"，因而吝啬对孩子的夸奖。但如果我们不反馈，孩子就没有标准去判断好与坏，也无法得知怎么做才能得到父母的认可。

比如，你按照自己的风格打扮好出门，遇见了当造型师的朋友，朋友说"哇，你今天穿得很好看哦"，你就会知道："啊，原来我适合这样的风格啊。"当孩子数学成绩提高时，数学老师说："你这段时间用功学习了，所以成绩提高了。"孩子就会知道："啊，原来我应该这样学习啊。"上小学之前，孩子们为了得到父母的夸奖，会做出很多意想不到的行为。但是再长大一点后，他们就不会为了父母的夸奖而费尽心思了。当我们的夸奖积少成多，孩子就会想："原来是这样啊。""我好像还挺不错的。"就算之后没有得到夸奖，他们也会逐渐成长为有自主行动力的人。

"对呀，没必要问我哦。"

有的孩子即便是非常细小的事情也要一一征求意见，自己没法做决定。比如："妈妈，我可以喝水吗？""妈妈，我可以去洗手间吗？""妈妈，我可以吃一个吗？"等等。虽然孩子不能过分地随心所欲，但所有小事都无法自主决定也是个问题。在这种情况下，我们不能因为孩子不停地发问而感到烦躁。孩子可能是因为担心做错、害怕受到批评才一直发问的。

我的咨询室书桌上放着让孩子们喝的饮料。有的孩子会问我："吴院长，我可以喝饮料吗？"我会回答："嗯，就是放在那里让你喝的。你想喝就喝，想喝多少就喝多少，不想喝的话剩下也没关系。想怎么做就怎么做吧。"如果孩子问："我可以再喝一杯吗？"我会反问他："刚刚我怎么说的来着？"孩子回答："说想喝多少就喝多少。"我会对他说："没错!"这样，孩子内心就会形成一种判断标准，知道自己所做的决定是否得到了对方的允许。

"口渴的话就喝啊。" "对呀。"

　　如果孩子在家里问你一些理所当然的小事，比如"妈妈，我能喝水吗？"我们可以反问孩子："你觉得呢？"如果孩子回答："口渴的话就喝啊。"我们就回答："对呀，没必要问我哦。"

　　如果我们仅仅回答"喝吧"，这件事还是由我们替孩子决定的。如果是孩子自己能做到的事情，我们应该引导他们自主做出最终决定。

　　请出声朗读一下吧：

　　"你自己觉得呢？"
　　"对呀，没必要问我哦。"

"没事，下次再试试吧。"

育儿过程中，父母要经历的第一道关卡是，在孩子三四个月的时候给他断奶。第二道关卡则是，在十八个月左右的时候教他自己排便。面对这两大关卡，父母会四处请教，也会自己上网搜索，还会购买各种"神器"，可谓无所不用其极。好像只有这样，孩子才能平平安安地茁壮长大。

面对越难的问题，我们越要记得一句话，那就是"没事，下次再试试吧"。无论多么聪明的孩子，都无法在短时间内越过这两大关卡。那些努力学习的父母总会对没学会的孩子感到着急。当孩子没成功时，有的父母不自觉地露出失望的表情，说："怎么又不行？"这样一来，孩子的心理压力增大，反而更学不会了。比起快点教会孩子，我们应该想着："孩子最终总会做好的。"

孩子们面对人生中的无数个"第一次"，总会有不顺利的时候，他们要经历无数次的挫折和失败。这时候他们最需要的是父母的鼓励："没事，下次再试试吧。"

我们不用过于着急，应该允许孩子"再试一次"。我们要知道，孩子永远需要机会。希望你在育儿过程中，也能多对

173

自己说：

"没事，下次再试试吧。"

育儿小故事

别让其他因素控制自己的心情

　　我们才是自己心情唯一的主人，但是在生活中，我们常常会忘记这一事实，被环境、状况和他人影响自己的心情。

　　在拥挤的地铁里，后面总有讨厌的人大喊"别挤了"，去餐厅吃饭遇上态度不好的服务员，别人说了难听的话或做出不好的反应，我们肯定会心情不好，但若因此破坏了一天的好心情，就相当于被连姓甚名谁、家住何方都不知道的不重要的陌生人控制了自己的心情。

　　疲惫的一天，你在社交网络上看到有人发日常照片。照片里的他看起来很幸福，四处吃喝玩乐，好似光鲜亮丽又能力出众。你可能会想："唉，真羡慕，我这过的是什么日子啊？"如果你因此一整天闷闷不乐，也相当于被他控制了心情。

　　谁都会产生这样的想法，但我们不能过于在意，如果因此内心动摇，就相当于丢弃了自己对心情的主导权。

　　有人惹你不开心，你觉得饱受伤害，但是这个人在我们的人生中并没有那么重要。所以只要想着"真是大千世界无奇不有"，一笑而过就好了。我经常说，即便经历了不愉快的事情，我们自身存在的意义也是不会褪色的。即便可能会暂时心情不好，但随着时间的流逝，你也会发现这件小事在你美丽的人生中，根本不值一提。

看到有人似乎过得很好时，你可能会羡慕不已，并怀疑自己的人生，但其实大家也都知道吧，人们只会在社交网络上晒出自己光鲜的、值得炫耀的一面。事实可能真的如此，也可能是演出来的。他是他，你是你。我们都有自己的人生。

当内心摇摆不定时，请尽快回归自我："我的人生怎么了？我过得也不差啊。"其实回想一下，我们的人生也很精彩。当你陷入纠结，就选择自己最擅长的事情去做吧。也许多年后会后悔曾经的决定，但在当时，那是最好的选择。只要拼尽全力，就足够了。

当我们对孩子说话时，就会变得贪心。

恨不得把对孩子有益的话一股脑儿全告诉他。

虽然是出于对孩子的爱，但我们可能会因此只重视"说了多少"，而不是"说了什么"。

好像只有把想说的话都说完，我们才能安心。

最终，说出的话并不是为了孩子好，而是为了我们自己心安理得。

并不是听尽有用的话，孩子才能好好长大。

并不是说完有益的话，我们才能教育好孩子。

请不要只是用嘴说话。

静静地倾听孩子的话，也是我们的"表达"。

专注地看着孩子，点点头，耐心听孩子把话说完。

哪怕没给出什么建议，我们的倾听也许会让某些问题迎刃而解。

和孩子玩耍的过程中，双向互动固然重要，但父母陪在孩子身边，静静地看着他，孩子的内心也会感到温暖和满足。

话语就是如此。

有些话不是为了"说出口"，而是为了"被倾听"，或许这样更能传达到对方内心深处最真实的角落。

用耳"倾诉"，用口"倾听"

"你也会有不高兴的时候吧？"

　　如果孩子平时习惯忍耐，在他要上幼儿园的时候，家长要格外留意孩子的压力。如果班级里有爱欺负人的小孩，习惯忍耐的孩子真的会很受折磨。因为那些孩子四处欺负人、抢别人的玩具，我们的孩子可能会承受很大的精神压力。通常来说，小孩会通过发脾气、喊叫或吵架来释放压力，但习惯忍气吞声的孩子则选择默默忍受，压力就越来越大了。

　　习惯忍耐的孩子在刚上幼儿园的时候，会被误以为适应得很好。父母看在眼里，会逐渐让孩子从只上半天幼儿园变成全天都去。这样一来，由于孩子实际上并没有适应，别说幼儿园了，连游乐场也不想去了。这时候，孩子的内心大致有两种想法：一种是"我乖乖地忍着，以为情况会好转，但却越来越糟糕，现在我什么都不想做了"；另一种是"我如果也像别人一样，会闹脾气就好了"。

　　虽然孩子什么都不说，但并不是真的没关系。如果孩子习惯忍耐，我们就更应该关注他是否遇到了什么麻烦，或是有没有什么烦恼。请多问问你的孩子，但问的时候也有技巧。如果我们只是问"你上幼儿园遇到了什么麻烦吗"，孩子可能只会摇摇头，什么也不说。

你可以试试这样问，请出声朗读一下吧：

"你喜欢上幼儿园，

但偶尔也会有不高兴的时候吧？"

和孩子好好聊一聊，如果发现孩子的确遇到了不开心的事情，也可以暂时不去幼儿园。不必担心这样孩子会形成动不动就不去上幼儿园的坏习惯。毕竟习惯不是一次两次就能养成的。

"弟弟（妹妹）有的时候也挺烦人的吧？"

有的孩子会无条件地忍让弟弟妹妹，或是无条件地听哥哥姐姐的话。可以说，他们总是被更强势的兄弟姐妹压制，我们需要经常与这样的孩子谈心。但请注意，不可以直接问"你是不是讨厌弟弟（妹妹）啊"。太单刀直入的话，孩子会觉得自己的感情是一种消极情绪，反而无法袒露自己的内心。并且，他们也不是一直都讨厌弟弟妹妹，只不过是由于一时的心理压力才感到厌烦，所以很难开口。

你可以试着用亲切的语气这样问问孩子：

"弟弟（妹妹）有的时候也挺烦人的吧？"

如果孩子坦白自己的情绪，我们可以点点头表示同意："没错，弟弟（妹妹）有的时候的确是那样。"通过这种认可，孩子们能知道他们产生的情绪是人之常情。只有这样，他们才不会误以为自己是坏小孩，从而产生负罪感。关于父母、朋友的关系问题，我们也可以用同样的方式去询问。

有时，一味忍让兄弟姐妹的孩子看起来很好欺负。他们可能觉得弟弟妹妹年纪小不懂事，无法理性地判断是非，所以不敢去驳斥，只能忍气吞声。但一味地忍让却让他们看起来像受气包。

我们可以对习惯忍让的孩子这样说，请出声朗读一下吧：

"妈妈知道，你其实很伤心，你一直在忍。妈妈很感谢你，但是你一味地忍让其实对弟弟妹妹并不好。"

孩子听了可能会问："那我可以打弟弟（妹妹）吗？"

这时，我们应该教给孩子："你应该明确地告诉弟弟（妹妹）不能那样做。"如果孩子说不出口，我们还可以多引导他开口练习。

虽然即便孩子开口制止，弟弟妹妹可能还是无法立刻改正错误，因为他们年纪太小了，但我们还是要教给孩子，不仅仅是针对弟弟妹妹，当有人欺负你时，不能一味忍气吞声。

"那也不能推他，你可以告诉他你不愿意。"

　　有的孩子不高兴时，会伸手推搡自己的朋友。爸爸带孩子去亲子咖啡厅之前，特意跟孩子约好："你今天绝对不可以推其他小朋友哦！"但后来，孩子还是伸手推了别人。

　　这种情况下我们千万要注意，不要对孩子说："因为你没有遵守约定，咱们得回家了。""约定"是一个艰涩难懂的概念，这时，我们应该对孩子说的重点是"不能推别人"。等我们了解了事情经过，也许会发现孩子其实是有原因的。因为别的小孩抢走了他的玩具，孩子才伸手推的。

　　此时，我们可以这样教育孩子，请出声朗读一下吧：

"不能推其他小朋友。
他抢了你的玩具，
你很不开心吧？那也不能推他，
你可以告诉他你不愿意。"

    孩子经常会做出一些不合适的举动。面对这种情况，我们首先要搞清楚并理解孩子这样做的时间点和理由。这里说的"理解"并不是指家长要无条件地认同孩子的行为，说出"哦，怪不得你生气啊，推得好"这样的话。家长要了解事情的经过，才能想出易于孩子接受的具体解决方案。

    其实，孩子当下能采取的行动可能只有"推搡"，因为他并不知道发生问题时应如何解决，所以才会一直重复某种行为。我们要告诉孩子，除了推搡，还有更好的解决方案。教过一次后，孩子可能并没有记住，我们要像第一次教的时候一样，亲切地帮助孩子不断练习。

"无论是谁都不行。"

　　孩子们特别喜欢说"这不公平"和"凭什么"，虽然不同人之间会有差异，但是一般来说，不管脑子有多么聪明，几乎所有未满七岁的小孩都处于以自我为中心的心理发展阶段。需要注意的是，"以自我为中心"并不等于自私。

　　比如，妈妈和孩子约好星期天一起去游乐场玩，但妈妈却突然得了重感冒，于是跟孩子商量下次再去。但孩子却不乐意了，他认为已经约好的事情不能反悔，而且在孩子眼里，去游乐场可是一件天大的事。妈妈也经常教育孩子要遵守约定，所以孩子吵着今天必须要去游乐场。

　　当然，在这种情况下，也有孩子不会闹脾气，他们能够很好地接受突发状况。这是因为他们习惯了听话，平时大人说"不行"，他们就会乖乖接受。以孩子的年龄，想让他们从内心深处理解当前的状况并心甘情愿接受是很困难的。所以我们在教育孩子的时候，强调"无论是谁"这四个字是很重要的。想要化解孩子的委屈，我们需要把眼前的状况一般化。

　　请出声朗读一下吧：

"爸爸不能随便推别人，
弟弟妹妹也不能随便推别人，
你的朋友们也不能随便推别人，
无论是谁都不行。"

　　"无论是谁"这四个字，会让孩子觉得，父母并没有在偏袒谁，并不是因为"你做错了所以只有你要遵守"，这是所有人都要遵守的"生活准则"。

"你试试对他说：'那是我的，请还给我。'"

孩子的玩具被别的小朋友抢走了，孩子伸手去推他。此时我们还要教给孩子的一点是什么呢？请出声朗读一下吧：

> "你试试对他说：'那是我的，请还给我。'如果他不还，你可以来告诉爸爸妈妈。"

我们要教给孩子具体的解决办法。比起沟通，孩子往往更喜欢用某种行动解决问题，平时玩游戏的时候，我们要引导孩子多加练习。我们可以问孩子："这种情况下要怎么做呢？"引导孩子自己来猜正确答案。父母还可以以朋友的身份，营造多种情境帮助孩子一起练习。当孩子学不会时，我们可以说一句"那是我的，请还给我"，然后让孩子一字一句跟着学。

"你试试对他说：
'那是我的，请
还给我。'"

你有多爱说："咱们不是说好了吗？"

四岁的 A 一不开心就喜欢推别人。妈妈今天带她去亲子咖啡厅之前，特意嘱咐过，只是口头约好还不放心，甚至和孩子伸出手指，拉钩盖章，还和孩子击掌模仿"复印"的动作。但孩子到了咖啡厅没多久，又忍不住推了其他小朋友。妈妈吓了一跳，急忙跑过去质问孩子："咱们不是说好了吗？"孩子低下头应允。妈妈又问："不遵守约定的孩子是什么小孩？"孩子小嘴一瘪回答："是坏小孩。"妈妈继续咄咄逼人："圣诞老爷爷会给坏小孩礼物吗？"孩子委屈极了，眼泪吧嗒吧嗒地掉了下来。

今天爸爸说好要带五岁的 B 去买玩具。孩子穿戴好正准备出门，爸爸却说："你先把刚刚玩的玩具都收好。咱们不是说好了吗？你要是不收拾好就不买新玩具。"孩子想赶紧出门，于是急急忙忙去收拾。但是玩具比想象中更多，一下收拾不完。孩子问："回来再收拾可以吗？"爸爸却训斥道："那怎么行？你不遵守约定，爸爸也不遵守。"听了这话，孩子只好委屈巴巴地继续收拾。

我对此表示不认同。"约定"是一个艰涩难懂的概念，它的价值在于，双方要去遵守，并要借此教会孩子某种道理。但是有的父母却滥用这种"约定"的威力，实则想要按照自己的想法控制孩子的行为。孩子打弟弟妹妹的时候、要求父母买玩具的时候、不收拾房间的时候、沉迷看电视的时候、挑食的时候、和朋友吵架的时候、不听老师话的时候、不按时完成作业的时候，父母都会说："咱们不是说好了吗？"这样，孩子就无力反驳。因为"遵守约定"是一个大前提，孩子哑口无言，无法顶嘴。一瞬间，孩子会觉得自己犯了大错，对父母的批评照单全收，觉得自己应该欣然接受一切惩罚。

在教育孩子的时候，我们往往是为了教给孩子某种道理才提到"约定"一词的。比如，上文提到的A的妈妈想教给孩子"不论发生什么问题，都不能随便推别人"，因此，她应该对孩子强调的并不是"约定"，而是"就算你再生气也不能随意推别人，你应该跟他说清楚"。教会孩子这个道理后，再让他进去继续玩。如果孩子屡教不改，妈妈可以说"今天就玩到这吧，下次再来"并带他回家。这样，孩子才能意识到：不可以随便推其他小朋友。

B的爸爸也是一样，他想教给孩子的是"玩具玩完后要自己收拾好"。此时，应该观察孩子的心情，并采取灵活的应对方法。爸爸可以对孩子说："你玩完之后应该自己收拾干净，等我们回来一定要收拾好。"我们并非为了约定而约定，动作的顺序可以进行一定的调整，而且这个顺序并非必须按照家长的想法决定。当孩子的行为违反约定时，重点不是强调"之前说好了"，而是把本来要教给孩子的道理讲给他听。

其实，孩子们在感受到父母无言的压力时，经常会勉强自己答应父母的要求，而并非因为自己想去遵守或认为自己能够遵守。孩子现在年纪太小，他们觉得，如果不答应会被批评，或是答应了会被表扬，于是就稀里糊涂地答应了。所以，他们可能经常会答应一些自己根本做不到的事情。而父母又会因为孩子"言而无信"而生气、发脾气甚至让孩子充满负罪感。然后，他们就可以堂而皇之地控制孩子的行为，以孩子违反约定为前提，教育的方向逐渐跑偏。这样一来，孩子的自主性、责任感、效率和自尊心都会受到伤害。另一方面，有的孩子害怕受到惩罚而勉强自己去做说好的事情，也不利于增强其自主性、责任感、效率和自尊心，反而会让孩子满腔愤懑而失去动力。

当我们和孩子做某种约定的时候，要考虑现实可行性，孩子能否做到，要和孩子充分协商达成一致，绝不能让父母和孩子的"约定"变成父母单方面的"指令"。当孩子违反约定时，父母也要灵活处理。因为我们做这个"约定"，并不是为了追求自己内心的舒服，而是为了教育孩子。

"说清楚你是因为什么不高兴。"

孩子玩玩具的时候，或许遇到了不顺心的事，只见他生气地把手里的玩具扔了出去，差点砸到还在熟睡的妹妹头上。这时，与其训斥孩子说"哎呀，你差点砸到妹妹的头，你往哪里扔玩具呢"，不如先问问孩子因为什么不开心，我们要先了解孩子的情绪。

当孩子说明不高兴的原因后，我们可以说："原来是因为这个不高兴啊，但是，不能因为你心情不好就乱扔东西哦！"

当孩子不小心做了错事时，比起发火，我们应该先体谅他的情绪。

孩子可能会问："那心情不好的话，我应该怎么办呢？"这时应该怎么回答呢？你可以说："你可以跟妈妈说，你的心情不好，比如'妈妈，我生气了'，不能因为心情不好就乱扔东西，你看看，你刚刚差点砸到妹妹的头，你也不想砸到妹妹的头吧？"通过你的语气，要让孩子体会到，你已经知道是他的失误差点让妹妹受伤。孩子一定会否认，那么请继续告诉孩子："你的不小心可能会让别人受伤，所以不能因为心情不好就乱扔东西啊，生气是可以的，但这个行为不好。"

当孩子问："妈妈，你也会生气吗？"我们可以告诉孩子："会呀，妈妈也会生气，但是妈妈不会因为生气就把平底锅扔出去。"

请出声朗读一下吧：

"你可以跟妈妈说，你的心情不好，
比如'妈妈，我生气了'。"
"不能因为心情不好就乱扔东西，
生气是可以的，但这个行为不好。"

"告诉妈妈，你想要什么？"

一年级的孩子正在玩折纸游戏，只见他把纸折成三角形又展开，接着又从另一边折成三角，孩子嘟囔着说："不对啊，应该能折好几个的……"然后开始发脾气。我问道："你想折成什么样子啊？"但孩子并不仔细说明，只是一个劲地嘟嘟囔囔："不对啊，在幼儿园里学过，不是这样的……"

当孩子这样的时候，我们常说："你生什么气啊？爸爸这不是陪你玩得好好的吗？""妈妈说过没有，不要这样嘟嘟囔囔的，有什么话就直说！"

在这种情况下，还有更好的表达方法，请出声朗读一下吧：

"告诉妈妈，你想要什么？"

　　但孩子还是一个劲地嘀咕"三角形"，说一些大人听不懂的话。于是我会说："从折纸书里找找答案吧？"

　　孩子点点头。

　　有的孩子每次说话都喜欢嘀嘀咕咕，家长通常只会说"不要嘀嘀咕咕的"，或是训斥孩子"你又开始自己嘟囔，我说了别这样吧？你不能好好说话吗？""吵死了，你这样嘟嘟囔囔真的很烦……"。孩子越是经常一个人嘀咕，我们越容易忽视他这样做的原因。

　　请好好听听孩子的想法吧。就算孩子一直嘀嘀咕咕说些听不清的话，但很神奇的是，他们一直没有停止表达。我们应该好好倾听，发现问题后，能帮忙解决的就帮助他们解决，这样才能治好孩子爱一个人嘀咕的毛病，如果只是说"不要嘀嘀咕咕的"，是无法帮助孩子改正毛病的。

"我们是为了好玩才玩的，
没必要这样闹脾气呀！"

孩子一边翻着折纸书，一边嘴里嘟嘟囔囔："想折一只恐龙的……"我翻看按照元音字母顺序排好的目录，帮孩子一起找，说道："咦？怎么没有'恐龙'啊？有'狗'，也有'青蛙'，怎么就是没有'恐龙'呢？"

孩子又开启了"闷闷不乐"模式，说道："刚才明明看见来着……"我仔细看了看，发现书上虽然没有"恐龙"，但却有"霸王龙"。我问孩子"是找霸王龙吗"，孩子立马点点头。他抢过我手里的书打算从第一页开始翻找，我说："等下，再翻回刚刚那一页。"我指着目录上"霸王龙"这个词问孩子："旁边标注的是第几页呀？"孩子回答："第一百三十页。"我教他道："这一页是图书的目录，目录上标注的数字有索引功能，你只要去找对应数字所在的一页就好，不需要从第一页开始翻。"

孩子在对着书折纸的过程中，似乎又遇到了什么不顺心的事，发起了脾气。我对孩子说："折一个三角形，既可以是一座小山，也能当头上戴的高脚帽，你想怎么折就怎么折，本

197

来就是为了好玩才玩的，我在陪你玩啊。"孩子听了我的话后，稍微镇定了一些，乖乖点头应允。

你也可以像我这样说，请出声朗读一下吧：

"本来就是为了好玩才玩的，
没必要这样闹脾气呀！"

当孩子哼哼唧唧时，我们也需要教给他们一些道理。但在讲道理之前，我们要先想办法安抚孩子的情绪，要倾听他们说的话，只有这样才能帮助孩子解决问题。孩子越是哼哼唧唧，问题可能就越多。就像翻越一座座高山，我们帮助孩子把问题一个个解决后，孩子才能觉得安心。只有这样，我们才有可能进一步教给孩子：遇到问题不要只是哼哼唧唧，要想办法去解决。

"从今天起，你自己来准备明天要穿的衣服吧。"

要和孩子一起出门，眼看快迟到了，孩子却不想穿妈妈挑选的衣服，嚷着要自己重新去挑。此时，请不要说："你怎么不早说呀？"因为这句话的意思是："因为你没早说，才导致现在出现这样的状况，你为什么要找麻烦呢？"相当于把造成此刻问题的原因都归结到孩子身上。但是仔细想想，妈妈并没有提前问孩子想穿什么衣服，妈妈也是有责任的。

你可以这样说，请出声朗读一下吧：

> "哦？原来你不喜欢妈妈挑选的衣服啊，那么从今天起，你自己来准备明天要穿的衣服吧。"

如果孩子还是一直闹脾气，你应该用不容置喙的语气斩钉截铁地告诉他：

"现在来不及了，

我知道你不想穿这套，

但是今天先穿上。"

听了这话，孩子有可能会跺脚耍赖甚至大哭大闹，你万万不可被他惹怒。请记得，孩子这种情绪化的反应是非常正常的，你只需要帮孩子穿上他不想穿的衣服，然后一把抱起他出门就好了。这样，孩子会明白你是在说"妈妈明白了你不喜欢这套衣服，但是现在必须出门了"。

孩子是很简单的，他们绝没有父母想象中那么复杂，也不是故意要惹父母生气。他们只是想穿自己喜欢的衣服罢了，这并不是什么问题。但是，当下的状况不允许他们任性。因此，父母不要生气或者训斥孩子，只需要简单地教给他们这个道理就可以了。

"我知道你不舒服，但是不穿会很冷，不能不穿。"

　　有些身体很敏感的孩子，在穿衣服时会很麻烦，比如两只袖子必须一样长、衬衫的领子不能翘起来、裤子裆部不能太紧等。

　　在凉风瑟瑟的时节，有的孩子却闹着不穿外套。这时应该如何是好呢？我们要先表示理解孩子的心情，展现出自己对孩子的同理心："你觉得袖子撸下来很不舒服吧？"如果孩子说"是"的话，我们可以这样说，请出声朗读一下吧：

> "我知道你不舒服，但是不穿会很冷，不能不穿。"

"我知道你不舒服，但是不穿会很冷，不能不穿。"

孩子可能会说："我要穿短袖，我不喜欢长袖的衣服！"这时你可以说："知道了，那么在车里的时候穿短袖，等到了幼儿园下车的时候就要穿上外套，只穿短袖太冷了，不可以不穿外套。"

在车里可以打开暖风，就按照孩子的意思让他穿着短袖，下车的时候就按照约定给孩子穿上外套。这样留有商量的余地，孩子会乖乖听话的。虽然也有的孩子仍会闹脾气，但父母只要按照之前说好的那样去做就好了。

当孩子闹脾气时，我们要学会留出商量的余地，或是从眼下的状况中跳脱出来，这招非常奏效。一直在同一地点、同种情境下和同一个人争执不休，是很难转换心情的。从当下的困境中跳脱出来，孩子的心情也会大有不同。

我们不要试图去长篇大论地解释外面有多冷、会不会感冒、为什么要穿应季的衣服等。我们常常会误会，觉得不管自己说的话有多长，只要语气够温和、不对孩子发火就没问题，但是很可惜，不管我们有多温和，话说得太多就会变成"唠叨"。这种"唠叨"会让敏感的孩子厌烦，其实孩子不是不听话，他们可能只是对话语比较敏感，从而产生抵触情绪。

育儿小故事

孩子为何总让父母给贴创可贴？

有个四岁大的小女孩握着妈妈的手进了咨询室。我仔细一看，小女孩的胳膊上贴了两个创可贴，我问道："孩子受伤了吗？"她的妈妈回答："没有，她就喜欢让我给她贴创可贴。"

孩子并没有受伤，为什么要贴创可贴呢？

我们小的时候，如果跟妈妈说肚子痛，妈妈就会用温暖的手给我们轻柔地揉肚子，一边揉一边说："妈妈的手是神手，揉一揉就好了。"这句话就像温情的歌曲旋律，刺激孩子的听觉，轻柔地揉肚子的双手会刺激孩子的触觉，而近距离闻到的妈妈身上的香气会刺激孩子的嗅觉。妈妈用手揉孩子的肚子，不仅会缓解孩子肉体上的疼痛，还能安抚孩子的情绪，让他可以酣然入梦。因此有的孩子不开心的时候就会装病谎称肚子疼，其实是因为贪恋母亲温柔的话语、温暖的抚摸和身上的香气。

贴创可贴也是同样的道理。当孩子说自己哪里痛时，妈妈就会一边说"哎哟，这里受伤了啊，妈妈给呼呼"，一边给孩子贴上创可贴。妈妈给孩子的伤口呼气时，孩子能够感觉到妈妈的呼吸；妈妈给孩子贴创可贴的时候，孩子能够亲眼确认妈妈对自己的关心、疼爱和保护。孩子总要求贴创可贴的真正原因是，想要充分感受妈妈对自己的爱。不仅仅是听到妈妈说，而是要用自己的眼睛去确认。当创可贴包裹住手指时，孩子也仿佛被妈妈满满的爱包围。但是如果这时妈妈说"让我看看，伤得不严重啊，没必要贴创可贴"，孩子的心情会如何呢？一定非常失落吧。父母需要擦亮双眼，去找出孩子行为背后隐藏的真正理由。

但是，父母也不能反应过于夸张，不要动不动就咋呼："天啊天啊，我们宝贝不要生病，赶紧去医院吧！"这种过于强烈的刺激可能会深深扎根在孩子脑海中，以至于他们动不动就会装病喊疼。

恰到好处的关心是非常重要的。如果孩子喊疼，我们先检查一下孩子哪里不舒服，细细观察、轻轻抚摸，必要时贴上创可贴或抹上药膏，然后对孩子说："抹上药也贴好创可贴了，等会儿再看看。"过一会儿后，揭开孩子的创可贴对孩子说："让我来看看伤口怎么样啦？"如果伤口愈合了，我们可以说："哇，现在没事了，快跟创可贴说拜拜啦。"然后撕下创可贴丢进垃圾桶。如果伤口还没愈合，我们可以再给孩子涂一次药膏，换一个新的创可贴。如果伤口更加严重了，变得又红又肿，我们就该带孩子去医院了。这就是所谓"恰到好处的关心"。

当孩子喊疼的时候，我们要给予足够的关心，但是切记不可以反应过于夸张。

"能告诉妈妈什么时候让你讨厌了吗？"

即便孩子对你说："妈妈，我讨厌你！如果你不是我的妈妈就好了！"也请不要怀疑，孩子深爱着生养他的你。

有位母亲很伤心地告诉我，她的孩子曾对她说："我多希望你出车祸，多希望你少一只胳膊。"虽然孩子这么说的确不对，但我们要知道，孩子是会对妈妈生气，甚至讨厌妈妈的。其实，即便我们爱孩子胜过爱自己的生命，我们也并非一年三百六十五天每时每刻都爱自己的孩子吧，我们也会有生气或者讨厌他们的瞬间。孩子也是如此，他们不会每时每刻都百分之百地爱我们。因此，他们完全有理由说出"妈妈，我讨厌你"这样的话。

我非常理解你们的心情，但即便如此，孩子们这样表达出来也比憋在心里好得多。虽然很难，但我们应该努力去坦然地接受孩子的言行。

请深信，即使是在孩子说着"讨厌"的瞬间，你仍然是他最爱的人，这一根本事实不会改变。子女本来就最爱自己的父母。

当孩子这样说的时候，请不要反击说"你说什么混账话呢"或是"哼，我也不愿当你的妈妈""你这样的孩子我真的养够了"。你可以装作好奇的样子问孩子："我最爱的宝贝，为什么会对我说这样的话呀？"

如果很好奇孩子到底为何说出这样的话，那就直接问你的孩子吧！请出声朗读一下吧：

"原来你会讨厌妈妈啊，

能告诉妈妈什么时候让你讨厌了吗？"

"是因为妈妈没答应你，才讨厌妈妈的啊。"

孩子一边说讨厌妈妈，一边可能会说出昨天妈妈没有答应的某种请求。此时，你可以这样回应："啊，你是因为妈妈没有答应你昨天的请求，才讨厌妈妈的吗？"如果孩子承认，我们可以说："原来如此，讨厌妈妈的心情如何呀？"令人意外的是，大多数孩子的回答都是"伤心"。那么我们可以用这样的方式为孩子梳理他的心情："因为妈妈没有答应你的要求，所以伤心了呀。"当孩子说讨厌父母的时候，其实内心是很受伤的，并非厌恶或憎恶。

当然也会有孩子回答"生气"，此时只要换个词说"因为妈妈没有答应你的要求，所以生气了呀"就好了。

请出声朗读一下吧：

> "原来是因为妈妈没有答应你的请求，
> 才讨厌妈妈的啊。"

如果能够答应孩子的要求，我们可以说"妈妈可以答应你的请求"，然后尽快帮孩子实现。如果是无法答应的事，你可以对孩子说："妈妈真的很爱你，但这件事不能答应你。"孩子可能会继续说："我讨厌妈妈！"这时就到此为止吧。不能答应孩子的事情，就算孩子再怎么嚷着"讨厌"，我们也不能心软。此时，请不要再多费口舌，也不要批评孩子。只需要说"不行"就够了。

"湿漉漉的很不舒服吧？我来帮你吹干。"

有时候，小孩子说"美"或者"讨厌"，可能并不只是为了表达字面意思。我们要学会换位思考，从孩子的话里体会他们的心情。

有的孩子心思敏感、性情乖张。比如在面谈的时候，有个孩子不小心把水洒在了衣服上，湿了的衣服让他的心情变得糟糕。其实并没有湿得很严重，但孩子却嚷着要脱掉衣服。性情乖张的孩子是很难接受眼下这种突发状况的。

这种情况下，可以这样说，请出声朗读一下吧：

"湿漉漉的很不舒服吧？但是脱了衣服会感冒的哦，我来帮你吹干吧。"

为了应对小孩子的这种情况，我特意在咨询室准备了一个吹风机。由于敏感的小孩不喜欢机器的声音，我会在打开吹风机前模仿吹风机的声音，给孩子打好预防针："别担心，我来帮你吹干。嗡嗡嗡，一会儿就干啦！"这样说了以后，在我帮孩子吹干衣服时，孩子的表情会放松下来。

然后，孩子突然对我说了一句："吴院长，您好美啊！"

孩子此时说的"美"并不是夸我"漂亮"的意思，他其实是在说："谢谢吴院长理解我的心情，谢谢您让我放松下来。"

同理，孩子有时对父母说"我讨厌妈妈"或者"我不喜欢爸爸"，可能也蕴含着其他的意思，比如"我很伤心""我心情不好""我好难过"，等等。

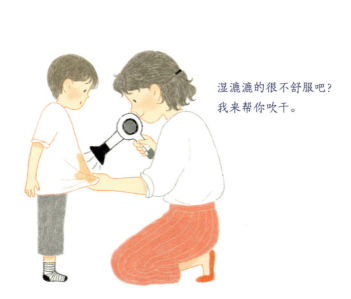

湿漉漉的很不舒服吧？
我来帮你吹干。

很多时候，孩子的话还蕴含着更深层的含义。孩子来到这个世界的时间和我们生活过的时间有着巨大的差异，因此我们与孩子的表达方式也有天壤之别。我们不能用自己的生活阅历去解读孩子的话。我们已经历经岁月的洗礼，应该用更广阔的胸怀去理解孩子。

"弟弟惹得你很不开心吧？"

孩子有时候会说"如果我没有弟弟就好了"，这时，请不要教育孩子"弟弟是很珍贵的家人，我们全家都要爱他照顾他"。孩子只是在单纯地倾诉自己的情绪，我们只要接受这份情绪就好。

请出声朗读一下吧：

> "我们××，很伤心吧，
>
> 弟弟惹得你很不开心吧？"

我们常常会把他人流露的某种"情绪"误解为某种"想法"，别人其实只是在倾诉自己的内心，我们却将其理解为带有某种意图的想法。这样一来，我们就会去判断孩子的想法是对是错、有没有用。我们还会为了纠正孩子的想法而试图说服孩子。如果说服不成，我们还可能发脾气或是强迫孩子转变想法。

请不要这样。

当他人倾诉情绪的时候，我们照单全收就好了。比如，当丈夫说"我好累啊，真想辞职不干了"，我们只需要回应："都累得想辞职了，真是太辛苦了。"千万不要把丈夫的情绪理解为某种意图，然后反驳道："就你累吗？我也累死了！人活在世上谁不辛苦啊，你辞职全家喝西北风吗？你怎么一点责任心都没有？"

我知道，在实际生活中，这样沟通可能并非易事，但我们需要朝着这个方向努力，只有这样，才能避免给对方心灵造成更多伤害，也能避免"虽然人在一起，但心却无比孤独"的情况发生。

"原来你累到产生了这样的想法啊。"

有个小孩子曾说："我要是没出生就好了，我真想用那把刀自杀/我真的不想活了。"听到这样的话，你一定会吓一跳吧，也会感到手足无措，孩子究竟为什么会说出这样的话呢？你好不容易回过神来，对孩子说道："你怎么这样想啊？这样想是不对的，生命是多么宝贵啊，你不能这么想。"

但孩子并不是真的要去死，他只是现在太累了，才产生了这样的心情，他需要你的帮助。这时，你可以试着这样说，请出声朗读一下吧：

"原来你累到产生了这样的想法啊。
爸爸以前都不知道，真是对不起。"

同时，请用温和的语气问问孩子：

215

> "你能告诉爸爸遇到什么困难了吗？"

　　追随孩子的内心，才能帮助孩子，才能触及孩子的心灵。人都会把自己内心深处的想法和疲惫的心情告诉自己最亲近的或者最重要的人。孩子也是如此，我们应该去思考，孩子是在什么情况下说了这么极端的话，孩子对我们说这些话的原因是什么。

这不是孩子的错，孩子很令人心疼。

有一个七岁的孩子，只说自己想说的话，有时候不愿意回答别人的问题，只是吐吐舌头敷衍过去。有一次，当这个孩子走进咨询室，我对他说："××啊，你好呀，今天是和谁一起来的呀？"但他只是扫视咨询室一圈，突然对我说："请给我一颗糖。"

下面是我和孩子的对话：

"我没有糖。"

"为什么啊？请帮我拿糖来吃。"

"你如果出去乖乖等待，我会给你一颗糖。"

"啊？一颗也太小气了吧。"

"只给一颗。吃多了对身体不好，只能吃一颗。等我们谈完后，你出去乖乖等待，我就给你一颗糖。"

"现在就给我嘛，现在给我我就和你聊天，否则我就不说话。如果你小气地只给我一颗糖，我也不跟你说话。"

"××啊，就算你不说话，只要你等会儿出去乖乖等着，我也会给你一颗糖的。"

"太小气了！现在就给我，不然我不和你说话！"

"不管有没有糖，你本来就该把要说的话说完。"

"不给我就不说！"

"我不会逼你的，你跟我聊天当然好，但如果你不愿意说，我也不会逼你。你说给糖才聊天，我是不会答应的，你这是讨价还价啊，我不会为了听你说话而多给你糖吃。但是，就算你不说话，等你出去我也会给你一颗糖，这一颗是一定会给的。你得知道，就算没有得到你想要的，你也应该把该做的事做好。"

"我不。"

"有些事情，即使你不愿意也要做。人在世上不能只做喜欢的事情。"

"不要，我不要和你说话！"

"所以我们才担心啊。"

听到这句话，孩子瞪圆了眼睛直勾勾地盯着我。

"所以你的妈妈和我才担心啊。你不愿意做不喜欢的事情，但是人活着不能这样随性。所以我们很担心你啊。"

我们不能像这样和孩子争执不休。遇到问题不要慌张，先冷静下来想一下："孩子为何这样？在这种情况下我们应该教给他什么？"我们只教最重要的，并把这最重要的一点反复强调就行。虽然在这个过程中，我们可能会气得血压上升，但是在孩子学习的过程中，父母必须要坚持住。

我跟孩子的妈妈分享了我们的对话，孩子的妈妈表示，一整天都这样对话真的要疯掉了。她一边流泪一边对我说："不知道孩子在幼儿园里要受多少批评呢？""因为这个，孩子最近都不愿意出门了。"

内心不安又敏感的孩子，有的非常胆小怯懦，有的却一直张牙舞爪地警告别人"别惹我，我很厉害"，还有的孩子会同时展现出这两种面貌。其实这两种孩子本质上没有什么不同。他们会对着好脾气的人调皮捣蛋，而在害怕的时候，就会一下子瑟缩起来不敢吱声，甚至不敢出门。

于是我对这位妈妈说："他真的是一个不安又敏感的小孩，他得多害怕和陌生人见面，才会躲在家里不敢出门啊？他才这么小就这样敏感，以后会不会把自己封闭起来呢？那他的心要怎么才能安定下来呢？请你记得，这不是他的错，不要觉得他不听话，这不是你该生气的事情，你应该心疼他。"

在育儿的过程中，最重要的是把孩子养育成内心平和的人。不安又敏感的孩子是非常惹人心疼的，我们不要认为这是他们的错，请学会心疼他们，请深思熟虑，到底如何才能帮助他们更好地成长。

"我要给他讲讲。"

　　在和亲戚家或是朋友家的孩子玩的时候，有的孩子会被别的孩子抢走玩具，伤心哭泣。父母看了很心疼吧？这时，如果抢玩具的小孩的家长能出来约束一下他们的孩子就好了，但对方却不动声色地说"小孩子嘛，很正常"。这该怎么办呢？

　　在孩子上幼儿园或刚上小学的时候，家长是需要插手的。因为孩子还无法自己解决很多问题。这时候，我们应该介入，甚至可以管教别人家的孩子。但在管教别人家的孩子时，我们需要非常谨慎。首先要请求对方家长的谅解。请面带微笑地试着读一读吧：

> "姐姐，你别不高兴，我也很爱××，我把他当自己的孩子，所以我要给他讲讲。"

　　请好好地跟对方的孩子讲道理，虽然小孩子听了可能也不会改正，但是当问题发生的时候，不论是我们自己的孩子还是别人家的孩子，我们都应该态度亲切友好地去管教。好好地引导孩子、教育孩子是家长的责任。

有的人为了维持人际关系，一直忍气吞声，但最终忍不下去时就宛如火山爆发："真是太可气了，以后不要一起玩了！"我认为这不值得提倡。

这世上没有十全十美的人，抢玩具的小孩和他的家长，你的孩子和你，大家都不是完美的。我们都会不小心做错事，或是找不到解决的对策。这种情况下，请不要以绝交来收场。如果这样，我们的孩子会误以为当与人交往发生不快时，可以通过回避、争吵或是绝交来解决。

我们应该给孩子展现出，就算有点难，就算存在一些问题，最终都能顺利解决。只有这样，孩子才能在生活中领悟到：有些问题尽管没有一次性消失，最终也会顺利解决。

"你得问他：'我可以玩你的这个玩具吗？'"

我们应该怎样好好教育抢我们孩子玩具的小孩呢？

请出声朗读一下吧：

> "原来你想玩这个啊。那你得问他：'我可以玩你的这个玩具吗？'他会借给你的。"

小孩可能会问："他如果不借给我怎么办呢？"

我们要教给孩子："那你就等等再玩，直接一把抢走会伤到别人的，以后不可以这样了哦！"

"喂，你怎么抢别人玩具啊！他差点受伤了！""这又不是你的玩具，怎么能随便抢？""你父母就这样教你的吗？""你真是个坏孩子！"请不要这样说，这是发火和训斥，不是教育。

我们还可以这样教育被抢走玩具的我们自己的孩子：

222

"如果别人抢你的东西，就告诉他：'这是我的，你得先跟我说一声。'"

孩子说："这样说了，他还是抢我的。"我们可以教给孩子："但你不可以因此打他或者推他，你应该跟旁边的大人说，这才是有效的方法。"

"只能假装扎，不能真扎哦！"

有的孩子在玩玩具刀的时候，很喜欢扎别人。在开始玩游戏前，请对孩子这样说，请出声朗读一下吧：

"你们玩得很开心，

但是不可以真的扎别人的身体，

只能假装扎，不能真扎哦！"

我们可以给孩子规定，扎人的一方发出"呀"的声音，而被扎的一方则大喊"啊"，这样为孩子提供一种在游戏中充分表达内心情绪的方法。

有的孩子尤其喜欢玩带有攻击性的游戏，这虽然不是什么好的行为，但孩子们在日常生活中也会有自己的愤怒和压力，他们在游戏中宣泄自己的情绪，要比憋在心里好得多。我们要记住，孩子是通过游戏消化自己平时郁积的情绪，并逐渐学会调节心情的。

很多时候，孩子保证不会再扎别人，但还是频频再犯。于是我们就立刻剥夺孩子的机会，一气之下说出"别再玩了"或是"你不可以玩玩具刀了"之类的话，这样是不合适的。

　　我们可以先暂停游戏，指出孩子的行为错在哪里，但请记得再给孩子一次机会。现在不能玩，但以后请继续陪他玩，第二天也请再让他玩玩具刀，请不断地给他机会，这样孩子才能不断练习调节自己的情绪。

Chapter 4
084

"那你为什么一直扎别人啊？"

在玩玩具刀的时候，哪怕中途停下来重新强调规则，孩子还是一直忍不住扎别人。这时候，请不要发火说"跟你说了几遍了？不可以扎别人"，请冷静地问问孩子："你和妈妈玩得开心吧？"孩子会点头回答"嗯嗯"。然后我们要继续问："你也知道不能扎别人吧？"孩子又会回答"是的"。这时，请问问孩子：

"那你为什么一直扎别人啊？"

不要用生气的、愤怒的语气，请用好奇的语气去问。孩子会很快给出答复。有的孩子会回答："没想真扎的，只是一不小心……"也有的孩子说："我和朋友们玩游戏的时候他们也总是真的打我……"听到孩子们这样真诚的回答，我们可能会发现更多意料之外的教育孩子的方法。

请出声朗读一下吧：

"你和妈妈玩得开心吧？"

"你也知道不能扎别人对吗？"

"那你为什么一直扎别人啊？"

　　成年人在现实中遇到难以解决的复杂矛盾时，经常会日有所思夜有所梦。孩子也是一样，他们玩带有攻击性的游戏，其实是在用象征的手法解决自己的问题。

Chapter 4
·············
085

"无论输赢，玩得开心就好了。"

有的父母在陪孩子玩的时候经常说："我们来比比谁更快！""我们来比比谁做得多！"他们想通过激发孩子的胜负欲，让游戏变得更有趣。但我认为，玩游戏的时候最好不要这样。无论输赢，游戏的过程本来就是开心的。父母总是在玩游戏时提到"输赢"，孩子就会觉得"无论什么时候，赢了才是好的"。

同样，父母在游戏中胜出后无比开心地逗输了的孩子，也是不值得提倡的。当我们陪孩子玩时，如果太执着于分出胜负，孩子输了后可能会哭哭啼啼耍小脾气。父母无条件地输给孩子，这也不好。故意输给孩子，实际上也是在告诉孩子"只有赢了才是好的"。玩游戏的时候，我们应该让孩子体会到"比起赢得比赛，享受快乐才是最重要的"。

无论输赢，在分胜负的游戏开始时，我们可以这样对孩子说，请出声朗读一下吧：

228

"无论输赢，玩得开心就好了。

和爸爸一起愉快地玩耍吧！

游戏的规则就是，无论输赢，尽情享受快乐。

我们都拼尽全力，

不能偷懒，也不能骗人。"

"哇哈哈哈，
太好玩啦！"

　　如果孩子和父母的实力悬殊，应该制定符合两个人实力的
游戏规则。比如下围棋时，由于级别不同，可以让几个棋子。
当游戏太难时，可以设定爸爸胜出十局算赢，而孩子只要胜出
三局就算赢。

　　在竞争中失败并不是丢脸的事情。最重要的是遵守规则，
竭尽全力，去进行公平的较量。

育儿小故事

"妈妈，我做得很好呢。"

很久之前，我在国外的报纸上看过这样一则故事。

有位母亲非常疼爱患有自闭症的儿子，独自抚养他长大。风雨交加的某天，孩子发了高烧，而他们要越过几座山才能到医院。虽然当天的天气开车很危险，但这位母亲还是义无反顾地出门了。

但是不一会儿就电闪雷鸣，有个石块从山上滚下来砸在车上，车子骨碌碌地滚下山。救援队打开车门时，发现母亲已经满身是伤，但孩子却幸运地只受了些皮外伤。

这位母亲做了几次大手术，却一直没有醒来，她在 ICU 里与死神殊死搏斗，但孩子的状态却与事发前别无二致。因为孩子患有自闭症，无法正常与外界交流，也就不用了解到当前的状况，很多人都觉得这样也算幸运。

过了一个月，照顾孩子的阿姨觉得应该让孩子与母亲见最后一面，就带着孩子去了 ICU。看着全身插满管子的妈妈，孩子并不惊讶，也没有哭。看着孩子的反应，阿姨觉得他应该是认不出自己的妈妈了。但孩子却蹑手蹑脚地走到妈妈的病床前，低下身子在妈妈耳边低声絮语，然后立刻回来攥住了阿姨的手。在这之后的几个月里，阿姨每天都会在同一时间带孩子来看望他的母亲，孩子每次都会重复相同的动作。但孩子停留的时间只有大概五分钟，他每次跟母亲说完悄悄话，就会立刻回握住阿姨的手离开病房。

奇迹般地，这位母亲逐渐恢复了意识，身体也慢慢康复了。等她能够开口讲话的时候，阿姨问道，孩子每天贴近她的耳朵，究竟说了些什么。这位母亲泪流满面地说，孩子每天都只重复同一句话：

"妈妈，我做得很好呢。"

孩子们真的很爱父母，比起其他任何人，当得到父母的疼爱和理解时，孩子是最幸福的。孩子笑的时候，父母会感到幸福，同样地，看到父母的笑脸，孩子也会感到幸福。所以就算父母有些小失误，孩子也能立刻原谅。只要父母想要和孩子好好相处，他们无论何时都会抓住父母伸出的手，奔跑着扑进父母的怀里。所以，虽然育儿很辛苦，但很多时候我们能从孩子身上得到慰藉。我们努力变得好一点，孩子就会有很大变化。虽然这种变化可能不会立刻展现出来，但在未来的某一天，孩子突然的变化定会令你惊喜不已。

"妈妈，我讨厌你！"

"你懂什么？"

"我再也不听爸爸的话了！"

"那你想要什么我也不给你了，看谁先服软！"

我们在孩子面前，常常会不自觉地变得幼稚。

孩子四岁，你三十一岁，

孩子六岁，你三十三岁，

孩子十三岁，你四十岁……

不知什么时候起，父母突然变成了小孩子。

本来是打算教育孩子，可是从某一瞬间起，

就像打乒乓球一样，孩子说一句你就顶一句。

你甚至愤怒到想要暴打孩子。

最终你和年幼的孩子吵了起来。

在与孩子吵架的时候，你并不把他当小孩看。

而站在孩子面前的你，也毫无父母的成熟，你

变成了一个"幼稚的小孩"。

父母时时刻刻需要扮演好父母的角色，请不要

变得幼稚。

初生牛犊可以冲着老虎叫，但老虎不会对着初

生牛犊咆哮。

Chapter 5

不要变得幼稚，不要忘记初衷

"今天很辛苦吧。"

　　孩子放学回家说了一句："啊，累死我了，想好好休息一下。"但在父母的眼里，孩子整日看起来无忧无虑、活得轻松快乐，也不怎么用功学习。听到孩子这样说，父母会驳斥道："哎呀，你什么也没干，有什么好累的？作业都做完了吗？"然后开始喋喋不休地谈起孩子的"义务"。这样一来，孩子往往只能不满地小声嘟囔一句："话都不让人说了？"然后径自回到自己的房间。

　　你可以这样对孩子说，请出声朗读一下吧：

> "嗯，今天很辛苦吧，
> 发生什么事啦？"

　　孩子抱怨道："今天下课后老师拖堂了……"此时，请先对孩子的心情表示理解，你可以说："你们老师有点过分呢，你们一定很不高兴吧？"千万不要说："老师是为了让你们好好学习啊，你们怎么不体谅一下老师呢？"这样的话，孩子就无话可说了。

　　如果你说"妈妈更累啊，这点小事你就喊累，以后怎么办啊"，其实是非常幼稚的行为。当孩子说累的时候，请回应她："我们宝贝女儿今天很累吧？辛苦啦！"听了这样的回应，孩子会觉得，回到家心情终于放松下来了，一切疲劳似乎都瞬间烟消云散了。

　　孩子说累就表明他觉得累，说难就表明他感到困难，说咸就表明他觉得咸，此时，我们只需要对他们的感受表示认可，应和他们说："你很累吧？""很难吧？""你觉得很咸吧？"没有必要说："你有什么累的？""这有什么难的？""哪里咸了？你尝不出来味道吗？"只要认可他们的情绪就好了，这才是对孩子的尊重。

"嗯，今天很辛苦吧，
发生什么事啦？"

"知道了就行了。"

有时，孩子听了父母的话会气鼓鼓地回一句"知道了"，这种情况下，父母请不要太介意。一般来说，大多数青春期的孩子不会乖乖回答"好的，我知道了"。"嗯嗯，知道了，知道了"其实就相当于"yes"，是一句肯定的回答。

当孩子说"知道了"，请不要不爽地质问孩子："你怎么说话呢？"也不要挑衅孩子说："你这是知道了的态度吗？"家长不需要过于介怀，只要孩子说"知道了，以后会努力做好的"就够了。

有时，孩子说的"知道了"可能包含很重要的意义，他们在借此压抑想要反抗父母的心情。我们不应该去挑衅，而应该感谢孩子的懂事。就算孩子说"知道了"的语气听起来很不悦，我们也可以这样回应，请出声朗读一下吧：

"知道了就行了。"

　　曾经有个初二的孩子，极不情愿地被父母拉进咨询室，他歪歪扭扭地斜坐在椅子上，时不时地爆粗口。孩子的妈妈一会儿看看我，一会儿看看孩子，坐立难安。孩子的爸爸看起来对孩子很失望，大声说道："喂，臭小子，你给我坐好！"我示意他们不需要制止孩子，我对孩子说："你不愿意来这里吧？怎么舒服就怎么坐，这不会影响你表达自己内心的情绪。"孩子听了我的话，却立刻改正了坐姿。

　　比起说话的内容，青春期的孩子往往更在意表达的方式。父母的说教越是粗鲁，他们就越容易产生抵触情绪，而父母的表达越是温柔，他们反而越容易乖乖听话。

"不好意思，打扰你休息啦，妈妈需要你来帮忙。"

　　家里要整理的东西有点多，爸爸妈妈都在努力收拾，孩子却躺在沙发上玩手机。这时候，很多父母会对孩子说："你看不见别人都在忙吗？你怎么只顾着自己玩啊？"

　　如果需要孩子的帮助，请直接请求帮助，请不要无端地给孩子贴上"自私"的标签。

　　父母总认为，就算自己不明说，孩子也知道父母很忙，知道却不来帮忙，这让父母觉得心寒，甚至有点气愤。可能还会产生这种幼稚的想法："我忙得四脚朝天，他怎么能自顾自地在那玩呢？"

　　但是，听到父母这么说，孩子会觉得很郁闷。因为孩子本来觉得，就算不阐明自己的内心，父母也都会了解。

　　这种情况下，你可以先问问孩子"可以帮个忙吗"或是"你现在有事吗"。孩子可能也有自己的事，如果孩子回答"我想休息"，但我们确实需要孩子来帮忙，可以直接告诉他。

请出声朗读一下吧：

　　人们误以为，就算不说，亲近的人也都会了解。如果别人没有了解，心里就会不舒服。成年人之间可以如此，但是对小孩子不能这样。孩子觉得父母永远都应该扮演父母的角色，所以当扮演父母角色的人突然用孩子的立场来说话，孩子就会感到慌张和委屈。

"不好意思，打扰你休息啦，妈妈需要你来帮忙。"

"只不过，这刚好不是妈妈擅长的事情而已。"

在用电脑的孩子突然跟妈妈抱怨电脑出了故障，妈妈走过去检查了一下，发现好像死机了，但具体也不知道怎么操作。妈妈说："我也不太清楚，咱们等爸爸回来吧，爸爸回来应该能修好。"孩子听后说："妈妈你怎么什么都不会？"听了孩子的话，你可能会感到不爽，但是请不要冲动，一笑置之就好。

请出声朗读一下吧：

> "不是，妈妈也会做很多事，只不过，
> 修电脑刚好不是妈妈擅长的事情而已。"

对待还在青春期的孩子，父母应该培养自己不管看到什么、听到什么都能一笑置之的能力，这样自己的心情才不会被破坏。随着孩子年龄的增长，他们的心思也会变得更加成熟。

Chapter 5
090

“亲近的人才是你人生中重要的存在。”

曾经有个小学生问我：“吴院长，我长得很丑吧？”受大众媒体的影响，现在的孩子尤其关注自己的外表。我如实回答道：“虽然你不是那种耀眼的美，但是你很可爱，笑起来特别漂亮。而且，你很乖又很善良，有的人是越看越有魅力、越看越漂亮的，亲近的人会经常看到你，而和你亲近的人才是你人生中重要的存在。”孩子静静地听我说完，噘起小嘴抱怨道：“这不就是不漂亮的意思嘛。”然后她轻轻咧开嘴笑了。

还有一位高中生曾说想去做整容手术：“吴院长，你看看，我是塌鼻梁。”我说：“但是很适合你的脸型。”孩子表示一定要去垫鼻梁。对此，我建议，如果只有做手术，她心里才会舒服，那就等高中毕业再去做吧。

请出声朗读一下吧：

> “有的人是越看越有魅力、越看越漂亮的，和你亲近的人才是你人生中重要的存在。”

说这些关于容貌焦虑的例子，是想说父母应该对孩子做出最自然的反应。如果过于努力地表达，反而会显得刻意而夸张。不论是建议还是安慰，都会显得浮夸且死板。与事实不符的、过度美化的建议反而无法触及孩子的心灵，只有真心实意的、自然的建议，才是对孩子有益的。

清者自清

当你被别人误会的时候，一定心急如焚吧？一定迫切地想去证明自己的清白吧？但是，清者自清，事实胜于雄辩。

有这样一个小学三年级的男孩子，他非常懂事且机灵，但是很容易被同学的玩笑激怒，因此经常与同学打架。

有一次，在学校的生态学习中心，有个同学问他某种昆虫的名字，因为他知道很多昆虫的名字，别人都叫他"昆虫小博士"。但他还没回答，同学却嚷着逗他道："你不知道吧？不知道吧？我猜你也不知道！"男孩很生气，大喊着："我知道！我当然知道！"但是同学依然在逗他："咦，你说谎，你明明就不知道！"男孩越生气，朋友就越来劲，不停地嚷着："××连这个都不知道呢！"男孩大声呼喊："我知道的！"两人扭打到一起，最终挨了老师一顿批评。

我问这个男孩："那个同学只对你这样吗？"

男孩说："不是，他对别人也这样。"

我又问道："他现在就是这种心理，你想想，他是每天都准备要逗你玩才来学校的吗？"

听了我的问题，男孩陷入沉思。

"他只是想要逗身边的人取乐，这种情况下，你没有必要去证明自己，没有必要反复强调自己知道。你越是努力证明，他越是来劲。你这就相当于掉进了他的'陷阱'，你上钩后他会觉得有趣，进而继续逗你。"

男孩好像明白了什么，反问道："这是个陷阱吗？"

我回答："对，陷阱。当他说你不知道的时候，你一笑了之就好了。如果他还不停止，你可以严肃地说'闭嘴'来制止他。这种情况下不能一味忍让。但如果他还是屡教不改，你就在心里默念'啊，这家伙今天也还是老样子啊'。但是不用说出来，这并不意味着你输给了他，就算不极力证明，你知道就是知道，这一事实不会发生改变。"

想要去证明自己的善良和清白，这件事本身并不是错的。但是在多数情况下，孩子们和朋友玩闹的过程中，听到不合事实的话会反应很大，尤其是那些聪明、善良的"三好学生"。此时，请不要训斥孩子说"你因为这点小事发脾气，才会被老师批评啊"。孩子无法接受父母这样的指责。

请这样对孩子说："你本来就知道啊，所以没有必要向他证明。清者自清，就像水往低处流，这一事实永远不会改变。事实永远都是事实。"

孩子可能会问："但他一直反驳我，这该怎么办呢？"

你可以回答："那个孩子现在就是这个状态，妈妈知道你懂就好了，我想其他小朋友也都知道的。"

有时，我们需要教给孩子，没有必要去极力证明自己的"清白"。成年人也是一样，在与人相处的过程中，若是一味地想去证明自己的善良和正确，也会出问题。当别人误会自己时，我们就在心里默念："他好像不太清楚呢，事实不是那样的。"然后一笑而过就好了。事实就是事实，我们顺其自然地生活，也总是会被人误会。我们没有必要为了避免被误会而费尽心思证明什么，清者自清，浊者自浊。

并且，家长也无须在孩子面前过度地证明自己的正确。父母的话大部分都是对的，父母的心也都是出于好意，但请不要为了证明这些而长篇大论地唠唠叨叨。有些话，就算没有得到孩子的点头肯定，正确的本身就是正确的，不会因为其他因素而改变。

"肚子饿了吗？还是只是想叫妈妈？"

　　孩子还不太会说话的时候，家长应该怎么与孩子对话呢？十三个月大的孩子一不高兴就喜欢大喊大叫，父母应该怎么处理呢？

　　对于这个阶段的孩子来说，尖叫其实是一种言语表达。虽然在父母听来，孩子只不过是在乱叫，但是仔细听的话会发现，在不同的情况下，孩子发出的声音是不同的：有时候只是尖叫一声，有时候是长时间的喊叫，有时候是先短促地叫一声，然后又开始继续喊叫。我们首先要仔细观察孩子在什么样的情境下发出了什么声音，并将孩子发出的声音根据实际状况转换成语言。

　　比如，你正在给孩子准备断奶期辅食，孩子好像是肚子饿了，开始叫喊。此时，请不要说"还没好，乖乖等着"，也不要发脾气说"你叫什么呀？都说了会给你，安静点"。请一边抓紧给孩子准备食物，一边对孩子这样说，请出声朗读一下吧：

"哎哟，宝宝饿了吧？
还是只是想叫妈妈啊？
再稍微等一下，
妈妈给你准备了好吃的。
乖，妈妈这就来了。"

　　你可能会反问我，难道孩子乱喊乱叫的时候父母不应该教育他们吗？所谓教育，就是教给孩子对与错、是与非，因此家长们觉得需要多说"不可以"或是"不要"。但其实，不论是从孩子目前的语言发达程度还是情绪发展阶段来看，这些话都太难理解了。虽然每个孩子的具体情况不同，但是一般来说，未满三岁的小孩子无法轻易理解这些话。到了三岁，孩子才能比较好地表达和倾听，因此应该等孩子满三岁后再开始"教育"他们。

那么对于未满三岁的孩子，我们应该怎么办呢？无论孩子多大，父母都需要教孩子明辨是非。对未满三岁的孩子，我们只需要把话说得简洁明了，然后不断地重复强调，因为即便我们长篇大论，孩子也未必听得懂。

"不开心，呜呜，好难过。"

　　有位妈妈非常担忧，她的孩子还不到两岁，却很喜欢爆粗口。每当孩子爆粗口时，她都会及时制止，但孩子还是屡教不改。她震惊道："不到两岁大就开始骂人，这怎么行呢？"

　　孩子不过是偶然从哪里学到了这句表达，当心情不好的时候，有的孩子会哇哇大哭，有的孩子会"啊啊啊"地尖叫。而这个孩子只是觉得，在心情不好的时候爆粗口，会畅快很多。请仔细观察孩子会在什么场合下这样，如果的确是在心情不好的时候，我们应该教会他正确的表达方式。

　　请出声朗读一下吧：

> "不开心吗？"
>
> "呜呜，不开心。
>
> 呜呜，好难过。"

　　但如果孩子看起来并没有不开心，却一直在爆粗口，有可能是因为孩子觉得这句粗口的韵律很有趣，他可能只是像在念儿歌一样随口说的。此时，我们可以教给他更多韵律生动的表达，比如"噗噗""嘀嘀咕咕""骨碌碌"等。当人的声带颤动，发出的声音是很令人愉悦的，孩子喜欢爆粗口其实也可能与这有关。

"哎哟，该睡觉了，却睡不着呀。"

为什么一岁半的孩子睡觉前会闹情绪呢？年龄越小的孩子越不会调节自己的精神状态，所以才会闹情绪。当我们感到疲惫或者困倦的时候，应该躺下睡觉，但是孩子调节自己精神的能力不足，反而可能会变得更精神，为了战胜困意而哼哼唧唧闹情绪。可以说，这些孩子比较敏感，他们很容易被这种身体状态所影响。

此时，诸如"困了就睡觉，为什么发脾气"之类的说教是毫无意义的，因为孩子并不是故意要闹的。不管你对孩子说什么，他们都需要一定的时间才能入睡。我们不管他也好，生气地批评他"发什么脾气啊？快点睡觉"也好，孩子都需要一定的时间才能睡着。此时，我们可以轻轻拍打孩子的后背，用温柔的语气这样说，请出声朗读一下吧：

> "哎哟，该睡觉了，却睡不着。
> 闹觉很严重呢。"

轻抚孩子的脊背，对他说"让我们一起进入梦乡吧"也是个好方法。

请记住，无论如何，孩子都需要一定的时间才能停止闹脾气。不要一直想着让孩子赶快入睡，也不要一直介意"他为什么要这样闹脾气"，只想着"他是因为困了才这样的"就可以了。

请不要忘记，孩子并不是在冲父母发脾气，他们只不过是因为无法将精神状态调整至"睡眠模式"而对自己发脾气而已。

"该睡觉了，
却睡不着呀。"

"全画完了啊，真棒！"

　　我想来聊一聊关于称赞的话题。

　　当孩子做了一件只值得打一分的小事，也请用一百分去夸奖他，但是最好不要用"哎哟，好漂亮啊""真乖""果然是最棒的"这样的句子来夸。当然，当孩子穿了漂亮衣服的时候，你可以夸她"漂亮"；当孩子帮助了遇到困难的朋友时，你可以夸他"乖"。但是，当孩子做成了什么事的时候，请不要用模糊不清的表达来笼统地夸他"乖、漂亮、最棒"。

　　并不是只有得一百分才值得称赞。另外，虽然"最棒"一词是个褒义词，但是没有必要要求孩子非要成为"最"，父母夸孩子的时候，可能并没有这样的意图，但是孩子可能会误会，因此形成错误的价值观。

　　比起抽象的夸奖，父母最好使用具体的表达。比如，在画画的时候，有的孩子总是半途而废。有一天，孩子画完底稿后把颜色也涂好了，此时，与其说"哇，我们宝贝真棒"，不如试试下面更好的表达，一起来出声朗读一下吧：

"哇，全都画好了啊！"

"全都画完了呢，真厉害！"

"今天画画的时候开心吗？"

当你开始努力给予孩子更多称赞时，可能偶尔也会感到苦恼。在父母眼里，可能孩子做得并不好，那么也要夸奖他吗？

孩子用蜡笔在唰唰地涂鸦，家长Ａ咋咋呼呼地夸奖孩子："画得真好啊！真是太棒了！"家长Ｂ却给出了客观的评价："这是在画什么呀？想画就好好画。"若是孩子的确没画好，我们到底应不应该夸奖他呢？

只在乎结果的话，夸奖也会陷入误区。孩子常通过父母的夸奖来形成内心判断的标准。在这种情况下，我们可以先问问孩子："今天画画的时候开心吗？"如果孩子给出了肯定的回答，我们可以摸摸孩子的小脑袋，笑嘻嘻地对他说："玩得开心就好啦。"

请出声朗读一下吧：

“今天画画的时候开心吗？”

“玩得开心就好啦。”

　　如果孩子说："但是我画得不好……"此时不要慌张，可以用委婉的话开导孩子："没有啦，你这已经算画得很好了。"你可以再问问孩子："你以后想成为画家吗？"如果孩子回答"不想"，你可以这样劝他："那不就得了。我们画画的目的不是要当画家，只要玩得开心就好啦，画画其实是在表达你自己。下次我们再美化一下就更好了。"

"我不是你妈妈。""你给我滚出去。"

这个场景，很多家长都很熟悉。孩子非常不听话，你和孩子吵了起来，正在气头上，你愤怒地扔下一句"我不是你妈妈，我没有你这样的孩子。你要是再不听话就给我滚出去"。要知道，父母绝对不能说这样的话。

妈妈们会辩解："我们又不会真的那样。"但这是三十八岁成年人的想法，我知道妈妈们不会不要自己的孩子，但是三岁大的孩子并不能理解。他们无法接收到"因为你的错误行为，妈妈现在非常生气"的信息，他们只会觉得"妈妈真的会不要我"。他们认为，父母的心情、自己的行为都会导致父母抛弃自己，这令他们感到无比恐惧。

从今天起，请千万不要再说"我不是你妈妈"这句话了。如果想说这句，请换一句表达，如："唉，当你妈妈太累了。"

我们只有知道不能说这句话的原因，才会真的克制自己。但是即便极力克制，可能还是会不小心口不择言，这就需要我们赶快打圆场。你可以这样补救："妈妈太生气了才这么说的，妈妈不会真的不要你。但你如果一直这么不听话，妈妈会很累的。"越是经常说错话的家长越要经常练习，经常练习就能改正这个毛病，练习几百次后就习惯了。

　　同样地，我们也不能说"你给我滚出去"。请把这句换成"爸爸真的很累"。把孩子赶出家门或是不让孩子吃饭，都是绝对不被允许的行为。父母这么说，一定是因为孩子惹了什么事，或许是不听话，或许是做错了事。但孩子就是孩子，他们做错了事，也会感到惊慌失措、紧张害怕。家，本来应该是保护他们安全的避风港，把他们赶出家门这件事本身听起来就很可怕，会让他们感到恐慌。家是全体家庭成员的空间，而不是某个人的专属。谁也不能把其他家人赶出去，家庭成员都享有待在这个家里的权利。即便并非本意，父母剥夺孩子这项权利的行为本身就是对孩子的"虐待"，所以是绝对不被允许的。

　　"父母"只是一个身份，并不代表什么权利，更没有什么权力。父母的职责也不是想承担就承担、不想承担就不承担的，父母爱护孩子应该是无条件的，不能随父母本人的状态而改变。孩子随着年龄的增长会扮演不同的角色，但父母要永远都扮演好"父母"的角色。

"看来那时朋友是那样的心情啊。"

交朋友是一件很好的事情，同时也是一件很难的事情。成年人尚且如此，何况是孩子们呢。

有位母亲的孩子还不满三周岁，孩子在幼儿园邀请其他小朋友一起做游戏，却被拒绝了，孩子表示很伤心。这位母亲好奇地问我，此时应该如何安慰孩子呢？

这个时期的孩子，共情力和对他人的关怀不足，他们还考虑不到"如果我这么说，他会不会伤心"的问题。因此他们喜欢就会同意，不喜欢就会直接拒绝。

妈妈可能又问了："但是为什么那个孩子完全不当回事，我们家孩子却这么伤心呢？"可能是因为这个孩子的心理比同龄人更早成熟。这种情况下，请先对孩子的感情表示认同，可以说"你想和他做游戏，但是他说不想，所以你伤心了啊"，然后，你可以这样说，请出声朗读一下吧：

> "但是，看来那时朋友是那样的心情啊。
> 说不定他是想做其他游戏呢，
> 下次再想玩的时候再去邀请他吧。"

"咦？别这么说嘛。"

    幼儿园里有的小孩玩过家家的时候总是不带我们孩子玩，还会偷偷告诉别人也不要和我们孩子玩，之前也发生过类似的事，这时我们应该对孩子说什么呢？

    孩子逐渐融入集体，从和父母之间的双向关系中跳脱出来，逐渐实现社会化，在这个过程中，经常会发生这样的事。人有一种本能，不断地从集体中分辨出敌我双方，似乎只有认清敌方，内心才会觉得安宁。甚至在说某个人的坏话时，会根据其他人有没有一起参与说坏话来分辨敌我阵营。虽然这种做法是不正确的，但是在孩子们的群体中发生这种事很常见。

    当发生类似的事件时，重要的是看父母如何应对。父母的态度不同、教育方式不同，结果也会不同。我们要先认同经常受排挤的孩子受伤的心灵，并且要记得教给孩子：如果对方说"我今天不跟你玩"，你可以回"那下次有机会再一起玩吧"。如果有人说"我们不和他一起玩"，你可以说"咦？别这么说嘛，下次再一起玩吧"。为了让孩子能够应答如流，我们要多多让孩子练习。

    请出声朗读一下吧：

> "那下次有机会再一起玩吧。"
> "咦？别这么说嘛，下次再一起玩吧。"

　　即便这么说了，有些脆弱的孩子的心灵创伤也不会立刻抚平。但是，只有说了这样的话，孩子才能镇定下来，去思考下一步的对策。这种社会本领在孩子越小的时候越容易习得，对提高日后孩子的社会情商也大有裨益。人需要经受住来自他人的微妙的情感刺激，不论融入什么样的团体，都会遇到不喜欢自己的人，我们没有必要费心思和讨厌我们的人变亲近。就算有人讨厌我们，我们也不能因此畏缩不前，要培养自己解决问题的能力，让自己的内心更舒服。如果一味地依靠他人帮助我们梳理情况、解决问题，我们就永远无法独立成熟。

"不可以说'咱们不跟他玩'。"

　　人与人之间相处有最基本的礼仪，我们不能在公开场合让他人丢脸，对小孩子也是一样。不论是多么讨厌的人，在公开场合说"我讨厌他，咱们以后别和他玩"都是不礼貌的。我们应该教给孩子，这种行为会对他人的心灵造成无法言喻的伤害，绝对不能说这种话。

　　爱欺负别人的孩子可能比较强势、控制欲强，他们总想在群体中当老大，领导别人。当他们有讨厌的人时，就会对群体中其他人说"咱们不跟他玩"。当孩子出现这样的言行时，家长往往会说："你的朋友该有多伤心啊！你们应该和谐相处，玩的时候也带他一起玩吧！"但是这种说教往往并不奏效。

　　有效的方法是，可以对孩子这样说，请出声朗读一下吧：

> "我理解你可能不喜欢他，你会有自己讨厌的人，会有不想一起玩的人，你可以不和他玩，这是你的自由。但是，你不能要求其他人也这么做。"

265

你还需要教给孩子这一点，请出声朗读一下吧：

"其他朋友可能和你的想法不同。"
"绝对不要对别人说'咱们别和他玩'或是'你不能
跟他一起玩'。"

　　孩子的情感表达是很直率的，他们不喜欢和某个朋友一起玩，是真实的内心想法，这个想法本身是没错的。因为在一个群体中，一定会有我们看不顺眼的人。问题不在于孩子的想法，而在于孩子的举动。当孩子看某个人不顺眼时，有可以采取的行动，也有不合时宜的行动，我们需要把这一点明确地教给孩子。

"很多人都说的话，并不总是对的。"

人总是会受到外界的刺激，总是通过自己的见闻不断学习。其中有精华，也会有糟粕，这是无法避免的。

有的时候，孩子会从托儿所或幼儿园里学到一些流行语一样的脏话，这种情况下，别急着训斥孩子，我们应该先和孩子好好聊聊。请跟着读一读下面这些问题吧：

> "你说这话的时候心情如何啊？"
>
> "你知道这句话是什么意思吗？"
>
> "幼儿园里的哪个小朋友最常说这句话？"
>
> "其他小朋友也会学你这样说吗？"
>
> "听到你们说这句话的时候，老师会说什么？"

我们需要了解孩子会在什么时候、因为什么说脏话。如果孩子是像开玩笑一样觉得有趣，你可以这样对孩子说，请出声朗读一下吧：

> "玩够了吧？现在别说了，这句话不是一句好话，是你不应该说的话。"

　　但是孩子也有可能是因为生气才会说脏话。此时，请教给孩子其他的表达方式来宣泄内心的负面情绪，比如："我生气了！我真的很生气！"

　　当你阻止孩子说脏话时，孩子可能会说："其他小朋友都这么说呢！"

　　这时请你告诉孩子，请出声朗读一下吧：

> "对错是有标准的，很多人都说的话，并不总是对的。这句话你不能说。"

　　有些前来咨询的孩子，起初会表现出从别人那里学来的某些特征，其中不乏坏毛病。改正坏习惯、学习好习惯是孩子自己的任务，而父母的任务是教导孩子去完成自己的任务。

"今天你们都受苦啦。"

从幼儿园放学回来的孩子在跟你聊天，但其中有些内容却让你隐隐担忧。尽管如此，也不要做出过激反应。父母过度的惊恐、慌张、哭泣、尖叫或是发火，都会让孩子抗拒聊天。

不论在什么情况下，孩子都很难理解父母过度的反应。当孩子放学回家想要和父母好好聊聊时，最重要的是，父母要平和地听孩子把话说完。

孩子说："妈妈，今天××掐我了。"此时，请不要这样回应："什么？真的吗？我这就给你们老师打电话！你说是谁掐你来着？"你可以一边说着"掐哪里了"，一边仔细检查孩子的伤口，然后，你可以这样问孩子，请出声朗读一下吧：

"这样啊，很疼吧？那你没有还手吗？"

"妈妈，
今天××
掐我了。"

"这样啊，
很疼吧？"

　　你的孩子也有可能还手打人，所以不要中途打断孩子的话，不要还没听完孩子的话就发脾气或给出建议。请先听孩子把话说完吧，你可以这样对孩子说，请出声朗读一下吧：

> "今天你们都受苦啦。××的妈妈会很心疼他，而在妈妈心里，你是最珍贵的，我们宝贝今天受苦啦。"

好朋友（friend）和同班同学（classmate）

　　有的孩子虽然不是严重地抵触社交，但性格非常内向。这类孩子不会大大方方地靠近并融入群体中，也不会活泼开朗地和别人一起玩耍。虽然同班同学并没有欺负他，但只要同学们没有主动来关怀他、邀请他一起玩，他就会觉得同学们不喜欢他，从而感到孤独。"他们都不喜欢我，不带我一起玩。"每当听到孩子这么说，父母的心里都不是滋味。

　　父母会问孩子："你一个朋友也没有吗？"孩子可能会回答，同班同学里有一个跟自己搭话的，其他班可能也有一个。或许有的父母会说："那跟这个同学玩不就得了？"有的父母或许会很"酷"地说："没有朋友又何妨？你就自己玩呗。你不是喜欢画画吗？你就去画画或者读书吧。"但是对于因为没有朋友而倍感孤独的孩子来说，这句话毫无助益。

　　我一般会这样开导孩子："同班同学的英文是classmate，朋友的英文是friend，区分得很明确。但在韩语中，好朋友和同班同学都可以称之为朋友，所以这个标准需要你自己去区分。同班同学的话，只要从上学开始到放学为止，你们能和平相处就够了。你们互相之间可以交流好奇的事情，这样就够了。但是好朋友是个很特别的存在，你们相见的时候会觉得开心，你会和好朋友一起玩耍，而同班同学不一定都喜欢和你玩；当你需要帮助的时候，好朋友会向你伸出援手，而同班同学可能不会帮助你。'最好的朋友'很难多于三个，好朋友是需要花时间去结交、维系的。我们无法把同班同学都当成最好的朋友去相处，不要对此怀有期待了。但是同班同学可以发展为好朋友。"孩子听了这样的话，心情会平和许多。有的孩子此时会回答，自己好像已经知道该如何与同班同学相处了。

和所有的同班同学都保持亲密无间的关系是件好事，但也是很难实现的。某一天，你的孩子和一位同班同学在学校里玩得很高兴，你能把他们称为最好的朋友吗？这好像有点难。成年人在职场，会把一起工作的人称为"同事"，而不会把所有同事都当成朋友。孩子们也一样。如果孩子误以为"同班同学＝好朋友"，就会觉得好朋友之间应该有的交流，在同班同学中也应该存在，于是他们就会很容易认为自己没有好朋友。

请告诉孩子，同班同学并不一定都是最好的朋友，和同班同学能和平共处就可以了。请各位父母也这样看待孩子的同班同学，不用煞费苦心地让孩子放学后和同班同学一起玩。

"我了解了。"

接下来，我打算仔细讲讲两个孩子打架的事。

八岁的哥哥和六岁的弟弟因为抢玩具打了起来。弟弟拿着玩具在玩，哥哥也想玩，便让弟弟放下，弟弟不愿给，哥哥只好去抢。弟弟怕被哥哥抢走，于是在快坚持不住的时候，把玩具冲着哥哥扔了出去。在这个过程中，哥哥的胳膊被玩具砸到了，他很生气，便出手打了弟弟一拳，弟弟开始号啕大哭。这个时候，你该如何教育孩子呢？

许多父母会问"我们应该向着谁呢"或是"我们应该批评谁呢"。多子女家庭教育的核心原则之一，就是不能偏向任何一个孩子。假设弟弟并没有错，我们此时在哥哥面前也不能偏向弟弟。

此外，不要当场训斥任何一个孩子。"你俩都要挨批评，哥哥不该打弟弟，弟弟不该用玩具砸哥哥。"这样的训斥看起来很公平，但其实让两个孩子坐下，然后开始挑他们的毛病，这种做法会让孩子感到委屈。另外，当场询问情况也不是个好办法。因为孩子们会在对方解释的时候大喊"不是那样的"，我们反而更难把握真实情况。我们应该把孩子们分别带去不同的房间，好好询问具体的情况。

　　哪怕父母已经看到了真实的一幕，也要分别询问两个孩子。如果不问的话，孩子也会感到委屈。我们可以先把一个孩子带进房间，对另一个孩子说：

"你等一下，
一会儿就来听你说。"

　　孩子可能会说些不着边际的话来辩解，但请不要打断他。"你在说谎，妈妈都看见了！"这样说孩子也会觉得委屈。如果很难附和孩子的话，也可以不用勉强。只要倾听孩子说完，然后这样对孩子说就好了，请出声朗读一下吧：

"我了解了。"

"你等一下，
一会儿就来听你说。"

"并不是说你也犯了同样的错误。"

无论何时，都请记住，只制定一个教育目标。如果想要教育哥哥不能打弟弟，请这样说："无论什么原因，打人都是不对的。"

就算你有很多要教给孩子的事情，在某一种场合，也请只教给他一点。把弟弟带进房间里，像问哥哥那样问他："刚刚怎么回事啊？"等听完孩子的话后，请对孩子说："我了解了，你很伤心吧？"

如果你想教给弟弟不能用玩具砸哥哥，请对弟弟说："即便如此也不能扔玩具，无论在什么情况下都不能扔东西。不仅是和哥哥在一起的时候，和别人在一起的时候也不可以。"说完这句就够了。弟弟可能会辩解称是哥哥先挑起事端的，此时，你可以这样说，请出声朗读一下吧：

> "无论是谁，无论在什么情况下，人人都有要改正的毛病，都要不断地学习。并不是说你也犯了同样的错误，只是通过这件事，你也能够学到东西，所以妈妈才教育你的，但妈妈知道，你当时应该很伤心吧？"

　　当家里的孩子多于两个，有的父母偶尔会过度强调长幼有序，但是多子女家庭教育的基本原则是平等，并不单单是让孩子互相谦让或是给他们分发一模一样的东西。平等是指，我们不能过度强调，年纪大的孩子作为哥哥姐姐需要让着弟弟妹妹，担当起成熟的角色，我们也不能对年纪小的孩子说"你怎么敢跟哥哥顶嘴"，过度强调他们要听年长者的话。否则孩子们之间发生矛盾时，会因为长幼有序而感受到巨大的委屈。孩子年幼时更是如此。

　　如果想要教育孩子遵循长幼有序的规则，我们可以选择在孩子们内心不会太委屈的场合，比如去饭店点菜的时候，父母先点，然后轮到孩子们点的时候，让哥哥先来。

"谢谢你告诉我，但是……"

对于爱打小报告的孩子，我们应该说什么呢？爱打小报告的孩子在兄弟姐妹被批评的时候扬扬得意，也会因觉得父母站在自己这边而产生强大的认同感。但是，被告发的孩子却感觉好像在这场"战争"中，除自己之外的所有人都是同一阵营，只有自己孤身一人，从而倍感孤独。他们会觉得打小报告的兄弟姐妹很卑鄙，也会觉得作为"帮凶"的父母很讨厌。

我们必须教给爱打小报告的孩子这一点：出于对兄弟姐妹的担心、想与父母商讨对策，和想挑兄弟姐妹的毛病并看他挨批评是两码事。请出声朗读一下吧，你可以这样对孩子说：

> "谢谢你告诉我，妈妈也都看在眼里了。但是你这样说，哥哥可能会误会，他会很伤心的。其实，你只要做好自己该做的事就很棒了。"

用这样的方式去降低孩子打小报告的频率是很有效的。

"就像太阳和月亮一样，你们两个都很珍贵。"

在养育两个孩子的过程中，一个孩子的能力非常出众，另一个孩子则很普通，但并非做得不好。在这种情况下，我们经常会把两个孩子拿来比较。"你姐姐这么优秀，你怎么什么都不会啊？"像这样，我们总是把普通孩子和能力出众的孩子做比较，来贬低普通的孩子。"你这么优秀，你哥哥要是能像你一样就好了。"或是像这样，我们总是通过与普通的孩子做比较，来夸奖能力出众的孩子。

最好不要拿两个孩子对比。这些话会让孩子生气、愤怒，甚至会觉得父母不够爱自己。反之，得到表扬的孩子会对其他孩子产生愧疚之心，但是又会在不知不觉中变得骄傲自大，瞧不起其他孩子。逐渐地，他们还会担心自己如果做得不好，也会失去父母的爱。

因为一个孩子能力过于出众，相对看起来没那么出色的孩子，就算已经做得很好了，还是会不可避免地感受到自己的不足。父母要格外注意，不能把能力出众的孩子的行为视为评判标准。

"妈妈，我比不过姐姐吧？"普通的孩子这样问你，要如何回答呢？请你反问一下自己的孩子："白天太阳升起，夜晚月亮高悬。那么太阳和月亮哪个更重要呢？"孩子可能会随便说一个答案，这时，请你像这样解释："在我们的生活中，白天的明亮是很重要的，但是夜晚的黑暗也是很重要的。白天是太阳来负责，而夜晚则是由月亮来掌控。虽然两者不同，但却同等重要。你们两个就像太阳和月亮，虽然不知道谁是太阳谁是月亮，但是就像太阳和月亮一样，你们两个都很珍贵。"

请出声朗读一下吧：

> "你们两个就像太阳和月亮，虽然两者不同，但却同等重要。就像太阳和月亮一样，你们两个都很珍贵。"

请用这种方式教会孩子，每个人都有不同的才能和优势，孩子们会理解的。

"就像太阳和月亮一样，
你们两个都很珍贵。"

Chapter 5
105

"妈妈最喜欢你了。"

　　我来告诉各位一条多子女家庭教育中有用的教养法则，那就是"对每个孩子单独表达爱意"。当你和某个孩子单独在一起的时候，请格外地疼爱他，并对他说：

> "妈妈最喜欢你了。"

　　其实就是要让孩子感觉自己才是妈妈最爱的孩子。我们没有必要去贬低其他孩子，让面前的孩子趾高气扬。只要说"妈妈最喜欢你"就够了。孩子会产生"妈妈实际上最爱我"的想法，从而对其他兄弟姐妹抱有歉意。带着这份歉意，他们才会谦让、关爱其他兄弟姐妹。与之相反，如果他们心里想着"妈妈更喜欢哥哥"的话，兄弟姐妹在成长的过程中会经常打架，且很难调和。

　　请各位好好地爱自己的每个孩子，让他们在日后成人之时，回想起父母时能想到"在长大的过程中，我经常对其他兄弟姐妹感到抱歉，因为妈妈在我们几个人当中最喜欢我了"就好了。

282

不要逼孩子说"对不起"

七岁的妹妹玩着玩着一不小心打掉了九岁的姐姐戴的眼镜，姐姐很疼，哭闹个不停。妹妹赶忙道歉，但姐姐不回应，只是一直大哭着喊疼。在一旁看着的妈妈希望姐姐能赶快跟妹妹说"没关系"，但姐姐却一直闹脾气号啕大哭，于是妈妈便上前来干涉："你妹妹都跟你道歉了，她也不是故意的，只是不小心嘛，你是姐姐，应该原谅她。"

幼儿园中班，A和B在玩耍的过程中，B突然开始大哭，因为B把玩具递给A，A抓的时候太用力，误伤了B。老师赶忙对A说："你快给朋友道歉啊。"A按照老师说的乖乖跟B说了"对不起"，老师又对B说："快回答没关系。"B虽然还很疼，但还是按照老师说的回答道："没关系。"

教育孩子道歉和原谅是一件好事，教育的方向是正确的。但是家长们没有考虑到前提条件，他们太着急了，像是在逼迫孩子接受好的价值观，所以我有点担心。

道歉和原谅都是感情到位后水到渠成的事情，想理解他人的心情，我们必须先认识自己的内心，在这个过程中，我们读懂自己的内心世界，并自我消化内心的情绪，之后我们才能产生"啊，站在他的立场上来看的确可能如此"的想法，进而理解他人的心情，产生想要和解的想法，在这之后才有可能进行道歉和原谅。

前面提到的姐姐就是如此。她知道妹妹不是故意的，并且已经道了歉，但是她的心情还没有缓和，情绪和反应有时与想法、判断和认知并不是完全同步的，不会因为知道了，心情就会立刻变好。我们需要承认这一点。我们可以暂且放一放，跟孩子聊聊天："妹妹知道错了。"姐姐说："那我也还是很疼嘛！"此时，请你对姐姐的话表示认同："嗯嗯，知道了，等不疼了再说吧。"这样一来，孩子发脾气也好、生气也好、嚷疼也好，内心的情绪会自己消解。我们需要给孩子一定的时间。

每个人释放感情的速度不同，速度慢不一定是坏事。如果我们不等孩子的情绪消解，就强制他们道歉或者原谅，孩子会很委屈。这是因为，一旦没有原谅或被原谅，他们就会认为自己被当成了坏孩子。

幼儿园的A也不是故意要攻击B的，两个孩子此刻最需要的并不是即刻的和解，而是要针对每个人的情况展开不同的说教。我们可以对打人的孩子说："老师知道你不是故意的，下次注意点，突然一把抓住别人，你和你的朋友可能都会受伤。"我们可以对正在哭的孩子说："我看看，有点红呢，疼吗？老师已经告诉A以后轻点了，而且他并不是故意弄伤你的。"这样说就可以了。孩子并不是故意要打人的，如果硬要他道歉，他可能也会有点委屈。正在哭的孩子到现在还很疼，却要违心地回答"没关系"，必定也会感到委屈。

逼孩子做出某种感情反应，对孩子的情绪发展极为不利。

如果我们急于逼孩子说出"对不起""没关系"这类的表达，道歉和原谅就成了快速解决眼下问题的通关仪式，并非出自真心，孩子们也没有学到什么，只能沦为形式。

无论何时，我们都需要教育孩子。当他们做了坏事、危险的事或者失误、犯错、有不懂的事情时，我们都需要教育他们。让孩子赶快道歉或原谅别人，也要看具体场景。比如，在某些时刻，我们需要立刻让孩子去道歉。当孩子故意做了危险行为时、公开侮辱他人让他人受到伤害时、故意实施暴力时，我们都需要告诉孩子："不能这样，快去跟朋友道歉！"

教育孩子去道歉或是原谅，本身并不是坏事，但一定不能流于形式。只有让孩子深深体会到为什么要这样做，他们才能铭记于心，才能发自内心地说出"我真的对不起你"。原谅也是一样，只有当孩子真的整理好自己的心情，才能自发地说出"没关系"。

父母总强调说过的每一句话的重要性。

你们不觉得很辛苦吗？

有的父母甚至可能会因此不敢随意地同孩子说话。

他们会顾虑，自己以前说过的话和现在说的话是否正确。

没关系的。

不必过分忧虑。

今天并不是我们和孩子一起度过的最后一天，

今天我们说的话也不是对孩子说的最后一句话。

如果你看得太重，说出的话会变得沉重，我们的生活也会戴上枷锁。

我们和孩子相处的时光，还很漫长。

今天只不过是那数不清的日子中的第一天而已。

就像我们第一次抱孩子的那天一样，

每一天都是我们与孩子相遇的第一天，

每一天都是我们与孩子对话的第一天，

请不要后悔，也不要担心。

就把今天当成和孩子相遇的第一天，放松地和孩子对话吧。

这样就足够了。

Chapter 6

今天是与孩子对话的第一天

"要抱抱，抱紧一点！"

　　有个五岁的小孩子，性格非常小心敏感，不太擅长表达自己的心情。接受我的咨询后，他的感情表达比之前改善了很多。

　　每次和这个小孩子见面的时候，我总会说："××啊，抱抱我呀。"起初我这么说的时候，他非常尴尬地转过身背对我。我接着说："××啊，转过头来，我来抱抱你。"我抱着他说"抱紧一点"，然后把他紧紧地箍在怀里。

　　小孩子起初很不习惯，觉得有点尴尬，但是渐渐地喜欢上了被拥抱的感觉。现在看到我，他会朝我跑过来，紧紧地抱着我说："吴院长，抱紧一点！"当孩子抱得不够用力时，我就会说："××啊，我不是教过你吗？要抱紧一点！"

　　请出声朗读一下吧：

"妈妈来抱抱你，抱紧一点！"

你经常拥抱自己的孩子吗？请尽可能多地拥抱他吧，紧紧地将他拥入怀中，让父母和孩子能够听到彼此的心跳。孩子会非常享受的。

"要抱抱，
抱紧一点！"

"抓好扶手，没错！"

孩子在游乐园里高兴地玩滑梯，爸爸担心他会摔下来，地面看起来也不是很干净。于是爸爸说："很危险，小心脚下！不小心会摔个屁股蹲儿！"爸爸说这话的目的是想让孩子小心一点，但是比起滑梯，爸爸这番话更令孩子恐惧。

如果实在担心，可以检查附近是否有危险物品，然后清理干净。家长只要在合理的范围内保证孩子玩耍时的安全就好了，我们可以对孩子这样说，请出声朗读一下吧：

> "抓好扶手，没错！"

父母在育儿过程中，经常会担心不已。虽然提醒孩子注意安全是必要的，但如果过度夸张，生活会变得不自在。父母对孩子的担忧是出于爱，但过度担心会妨碍孩子自然而然地学习与世界相处。

生活中有很多无法消除或避免的事情。我们理应给孩子清理掉危险物和有害物，但是对于一些无法避免的障碍，我们应该教会孩子恰当的应对方法。

"抓好扶手，没错！"

"哇，这真有意思！"

　　有一位家里有三个孩子的妈妈曾问我："如果三个孩子一起跑过来，像比赛一样争着让我先听他们说话，我该怎么办呢？"

　　我们应该考虑两种情况。其一，孩子们虽然没打架，但的确产生了一些矛盾，我们可以这样说，请出声朗读一下吧：

> "不出就输了，剪刀石头布！"

　　"石头剪刀布"是孩子们能乖乖接受结果的最公平的方法。可以按照猜拳的结果把孩子们依次单独带走，听他们讲话。在发生矛盾的情况下，孩子们各执己见，如果聚在一起听他们一起说，矛盾可能会升级，而且听了彼此的辩解，孩子可能会更加委屈。

　　其二，如果孩子们并没产生矛盾，只是想讲点有趣的事情，那就可以听他们一起说，没有必要决定讲话的顺序。父母也许会听不过来，但是孩子只是想分享有趣的话题，并不需要

父母去记住什么，因此我们只需要配合着气氛开心地听孩子们
讲就行了。我们还可以像这样附和孩子们的话，请出声朗读一
下吧：

"真的吗？是吗？"
"哇，这真有意思！"

"等结束了再来好好聊吧。"

　　孩子从幼儿园回家，兴奋地说个不停。但是妈妈却总是想起孩子下一步该做的事情，听孩子说几句便会插嘴："你洗手了吗？""今天辅导老师不是要来吗？"刚刚还兴致勃勃的孩子一下子泄了气。

　　这时候，我们应该如何对孩子说呢？

　　当孩子应该去洗手却兴奋地跟你说什么的时候，我们不能打断孩子的话，可以在孩子说话的同时帮他洗手。我们可以一边随声附和"我们去洗手间吧。天哪，真的吗？原来是这样，真的很有趣啊"，一边帮助孩子洗手。

　　如果是无法同时做的事情，我们可以这样说，请出声朗读一下吧：

"哦，真的很有趣，
妈妈会记住你说到哪里的。
等会儿辅导老师就来了，
咱可别让人家等着。
等辅导结束了再来好好聊吧。"

　　如果是能够在孩子说话的同时做的事情，就一边听孩子说一边做，如果不能，也要照顾孩子的心情，跟孩子说好把事情做完后再聊。如果孩子聊的话题很重要，需要经过长时间的商议才能得出结果，我们应该告诉孩子，过一段时间后再来商量。

　　其实孩子的一些碎碎念不会超过五分钟，当孩子聊得热火朝天时，父母应该配合孩子的情绪，开心地听他讲完。即使时间稍微长一点，父母也应该多献出一点时间和关心，去听孩子把话讲完，这才是有益的。这里的"有益"指的是，这一幕会成为日后孩子的回忆，成为父母努力理解孩子的珍贵纪念。

　　我们为什么做不到呢？这是因为我们重视的点和孩子不同，我们和孩子年龄不同，无法理解孩子看重的事情。但只要不是有其他紧急事，我们就可以俯下身子，用孩子的视角去看待这个问题。今天晚五分钟、十分钟并没有关系，重要的是这一刻让父母和孩子彼此心意相通，融为一体。

"我们先走吧，之后你再自己穿。"

要送孩子去幼儿园，但是孩子却闹着要自己穿袜子，于是和手中的袜子展开了较量。上幼儿园快迟到了，此时你该怎么办呢？

按照我们前面学过的，请对孩子说："哎哟，穿不进去很烦吧，妈妈来帮你吧？"如果孩子说"不要，我要自己穿"，我们可以说："那你自己来吧，但你看看表，等时针走到这里，我们就得走了。"孩子会问："如果到时候我还没穿好呢？"你可以这样回答，请出声朗读一下吧：

> "那就先走吧，
> 之后你再自己穿。
> 我把袜子给你放包里。"

你还可以这样补充：

"这双袜子好像不太好穿，
妈妈给你在包里放另外一双，
你挑一双喜欢的穿。"

　　这样说，孩子可以得到两个信息，一是"在公共场合要记得穿袜子"，二是"自己的事情要自己做"。

　　人生中有很多自然而然学会的东西，不要因为急着把这些东西教给孩子而对孩子发火，这样孩子是学不会的。

　　并不是必须穿了袜子再穿好鞋才能去幼儿园，父母要学会随机应变。解决问题的方法有很多，我们需要灵活应对。因此，稍微放松一点也是可以的。

不敢当众发言的孩子

四岁的××不久前开始上幼儿园了。有一天他从幼儿园回来，在玄关处一边抹眼泪一边哭诉。明天幼儿园的小朋友要依次发言，他想让妈妈跟老师说一声，希望老师别点他的名。小孩子很难为情，觉得自己无论如何也做不到当众发言，于是便开始号啕大哭。

有的孩子害怕别人看向自己的视线，对别人的评价异常敏感。这些孩子非常抵触在公众面前做什么然后被评价。这种情况下，请不要逼孩子说"那也要做"。当孩子的抵触情绪高涨，就很容易产生消极的体验，有关这种消极体验的记忆会使孩子更难克服这种心理。

你可以试试这样说："嗯，知道了。这次你不想发言，可以先不发。但是你要放松心情好好参与这堂课，仔细听别的同学的发言。妈妈很好奇别的同学会讲什么，等你回家后讲给妈妈听。"

父母这样说，孩子才能够放松心情去听课。这比上课期间担惊受怕地想着"今天老师可能会点我起来发言，点我的话怎么办啊"，因为过度担忧而听不进其他同学的发言要好得多。

有的同学的发言很奇怪，孩子会在心里想："他不太行啊，还不如我呢！"但是那个同学若无其事地继续发言，孩子就会明白：

"啊，这样也可以啊。"有的同学发言的方式可能很搞笑，他一说话全班就哄堂大笑。之前，孩子一直觉得这种笑是嘲笑，可是这次自己也想笑，但他并不是在嘲笑那个同学。

××回到家中，对妈妈说："妈妈，我那个同学话说反了，大家都笑了。"妈妈小心翼翼地问："那你呢？"孩子回答："我差点就笑了，但是怕他伤心就没笑。"这种情况下，你可以再问问孩子："你想笑是因为瞧不起他吗？还是纯粹觉得有趣？"孩子回答："因为有趣。"那么，我们应该教给孩子："其他同学也是一样，你失误的时候他们笑不一定是在嘲笑你。"孩子需要以平和的心态经历这一切，只有这样，以后再遇到类似的情况，他们才知道怎么面对。

我的意思并不是说父母应该次次帮孩子逃避他们不想做的事，只是建议父母不要强迫孩子"当天""立刻"就能做到。这样的育儿过程是很"悲壮"的，如果父母一直很沉重，孩子也无法以平和的心态学会道理。育儿时，父母的眼光应放得长远。不一定非要在今天发言，比起今天就去发言，更重要的是孩子可以在不紧张、轻松的环境中听其他同学的发言内容，以平和的心态去学习面对当前状况的方法。只有这样，以后遇到类似的情况，孩子才能更好地应对。我们要给孩子适应的时间。

其实，我们说"就算你不发言，也要参与其中，好好听其他同学发言的内容"，就是把主动权交到孩子手中，让孩子不再因为担心被点到名而心神不宁，而是可以去认真听别人在说什么、看别人在干什么，在这样的情况下，孩子掌握了相对更大的主动权。人在握有主动权的时候就不会那么害怕，以后再遇到类似的情况也能更好地迎战。

但是，父母要为孩子指明方向："你也知道吧，我们不能每次都回避。有的时候没准备好，也要去发言。有的时候我们可能做得不好，但当我们经历多了这样的情况，就能做好了。有的时候我们做不好，但也必须要去做。"我们也可以教给孩子："当发言比较重要时，我们需要一定的练习，但是失误也是很好的经历。"

我知道，家长们会有以下的担心："这样的话，孩子每次遇到不想做的事情就甩手不干怎么办呢？""这样他学不会迎接挑战怎么办呢？""别人都做，就他不做，这该如何是好啊？"但是，各位家长小时候也会有类似的经历吧，很多我们曾经很害怕做的事情，随着时间的流逝都会逐渐做好的。

别人都发言，唯独我们的孩子不发言，这的确不是一件好事。但是孩子需要一个过程去化解自己内心的不安和紧张。在孩子抗拒一件事时，帮助他冷静下来的最好办法不是说"必须做，不然要出大事了"，而是要让孩子心态平和地去经历。请各位不要忘记，孩子只有真正经历过曾经抗拒的事情，才能真的学会面对。

"放轻松去试试吧。"

　　有个妈妈说："吴院长，我们家孩子不好好学习，这该怎么办啊？"我会问："孩子有做过坏事吗？"妈妈说"没有"。我又问："孩子有乖乖去上学吗？"妈妈肯定地点点头。我接着问："孩子有好好吃饭吗？"妈妈再次给出肯定的回答。"老师对他的评价如何呢？"妈妈的声音听起来欢快了几分，她说："老师说我们家孩子和朋友们相处得很好。"我又问道："孩子会乖乖去上补习班，从不逃课吗？"妈妈又回答"是的"。我说："那么您的孩子在好好学习。"

　　父母深爱自己的孩子，想把他们好好养大。但是如果没有正确理解什么是"好"，他们可能会对孩子非常严厉。他们把"好"的标准定得过高。如果没有达到那个标准，无论孩子多么努力、多么享受、多么脚踏实地，他们都不会觉得孩子做得"好"。跳绳、弹钢琴、画画，只要结果不理想，他们都觉得孩子做得不好，那么孩子会感到很委屈。

　　我基本上不会对孩子使用"好"这个表达，我不会说"你要好好做"，而是说"放轻松去试试吧"。

　　请出声朗读一下吧：

302

　　我们也是一样，如果把"好"的标准定错了，育儿也会非常辛苦。不是只有孩子不挑食、长得高、成绩好、考进了好大学，才意味着父母教育得"好"。父母教育得"好"，应该是教育出心态平和的孩子。"好好生活"也是一样，并不一定要说"好"，"随性地""自由地"生活也是很好的。

"不是因为讨厌你，是因为很丢脸。"

上初一的孩子对英语老师很生气，因为上课的时候，他觉得英语课本上有一处错误，便举手报告了老师，但是英语老师却批评他说"你怎么这么爱抬杠啊，就以课本为准"。在这之后，每次上英语课，英语老师都会点他起来发言，于是他觉得老师一定很讨厌自己，觉得很委屈。

我对孩子说，在某种知识和理论被阐明之前，一切问题都有答案，答案对就是对，错就是错。孩子来了兴致，问我："那是不是我对了，老师错了？"我回答："是的，老师错了。但这里的重点是老师很丢脸。老师不是不知道自己错了，她只是觉得丢脸。"孩子晃晃脑袋问："是吗？错了就承认错了呗。"我对孩子说："错了是应该认错，但是人和人是不同的，知错就改的人心胸宽广，但是年长者在某些方面可能没那么大的胸怀。有的人丢脸的时候会更爱发脾气，有的人会哭。你们老师并不是讨厌你，是因为她觉得很丢脸。"听了这样的话，孩子的心情会有所缓和。

请出声朗读一下吧：

> "错了是应该认错，
> 但是人和人是不同的，
> 知错就改的人心胸宽广。"
> "你们老师并不是讨厌你，
> 是因为她觉得很丢脸。"

　　青少年时期经常会发生这样的事情，每当此时，我不会跟孩子说："学生怎么能这样跟老师说话呢？"因为孩子的话其实没错。最后，你可以试试这样说：

　　"但是，下次你可以等下课后悄悄地走到老师身边告诉她。如果这样老师还是生气，那就没办法了。这说明老师心胸狭窄，你只要做到这个地步就可以了。"

"我也要继续努力了。"

为了增强孩子的自信，孩子需要试着赢过父母，但并不是指让孩子轻视父母。孩子需要经历被父母认证自身合理性和正当性的过程。

父母在训话的时候，孩子顶嘴道："妈妈不是也这样吗？""爸爸每次都不遵守呢！"这时请这样说："没错，我承认我也有没遵守的时候。所以这件事实践起来很有难度，但这很重要，为了教你，我也要继续努力了。"

请出声朗读一下吧：

> "没错，我承认我也有没遵守的时候。但这很重要，为了教你，我也要继续努力了。"

只有父母在孩子面前说"这是爸爸想错了，你说得没错"，大方承认自己的错误，孩子才能超越父母继续成长。只有多给孩子展现知错就改的样子，孩子才能长成比父母更厉害的大人。

因为父母很爱孩子，经常想把正确的事都教给他们。但在这个过程中时不时会爆发争吵。因为父母极力想要证明是孩子错了，所以争吵总是在"所以我说的是对的"中落幕，也就是以父母的胜利告终。在父母经常获胜的争吵中，孩子很难受到教育，也很难增强自信。

"无论如何，你都是个很棒的孩子。"

　　孩子因为朋友伤心不已，此时尤其需要父母的安慰和建议。但很多父母却提前担心孩子的心灵会受到伤害，担心孩子会沮丧、会失望，从而回避孩子的情感宣泄，或是急于解决这个问题。比如，有的父母会说："没事，没关系，他不是个好孩子，忘了他吧，我们宝贝看起来很郁闷啊，咱们点个比萨吃吧？"

　　但是父母这样说，很可能是因为当孩子表示很辛苦时，父母本人没有处理好自己的情绪。他们想要赶快驱散笼罩在孩子头顶的乌云，想看到孩子尽快绽放笑颜，这其实也是父母为了自己能够舒心。

　　如果你想要促进孩子的情感发育，无论是什么情绪，都要待孩子充分体会过后，再帮助孩子学习处理和解决问题的办法。所以我们要给孩子一定的时间去消化自己的感情。

　　孩子因为不合拍的朋友闷闷不乐时，父母说"相处久了你就知道，他是个不错的人"或是"他现在不太了解你，等你们熟悉了他就会知道你是个多么好的人"之类的话并不能引发孩子的共鸣。相比之下，我们可以这样对孩子说："在多人集体

308

中，一定会有你不喜欢的人。但是无论如何，你都是个很棒的
孩子。集体中可能有和你不合拍的人，也有你讨厌的人，但是
请不要被那些人影响。"

请出声朗读一下吧：

"你要知道，
集体中可能会有和你不合拍的或是你讨厌的人。
但是无论如何，
你都是个很棒的孩子。
不要被别人的判断标准所影响。"

如果孩子被朋友的冷言冷语伤害，你可以这样对他说，请
出声朗读一下吧：

"朋友并不一定是对的，

你要自己思考朋友的话是否合理。

如果觉得不合理，

就没有必要被影响。

虽然心情可能会变得糟糕，

但是在这个世界上，

有很多人说的话不见得都是对的。"

"你做什么的时候会感到幸福呀？"

不久前，我问一个初二的孩子"你的梦想是什么"，那孩子却说没有梦想。我翻阅了一下咨询记录，发现他刚上小学的时候梦想是成为科学家。于是我问："你小时候的梦想不是成为科学家吗？为什么没有梦想了？"孩子回答："我……我学习不好，成绩很差。"

梦想并不等于职业规划，如果把二者混为一谈，孩子就会过早地故步自封，甚至有许多孩子会因为梦想太难实现而失去斗志。

当你询问孩子的梦想时，可以这样说，请出声朗读一下吧：

> "你做什么的时候会感到幸福呀？"
> "你觉得自己有什么能做得很好的事情呀？"

我对称自己"没有梦想"的孩子这样说："并不一定要成为很伟大的人，不是每个人都需要成为盖世英雄。所谓梦想，是指你觉得有意义、有价值的事情，只要找到这些事情就可以了，没有必要说出特定的某个职业。"

当我们帮助孩子寻找梦想时，必须要让他们把自己放在靶子的正中央，可以好好想一想："我有什么优势和劣势？""做什么事的时候我感到幸福、有意义？""我格外不喜欢做的事情是什么？"同时也要为他人考虑，可以思考一下我们应该如何为社区、社会甚至国家和全人类做出贡献。只有为他人着想，我们实现梦想的决心才会更坚定。

但是，梦想是可以拐弯的。我们现在的梦想和以前的梦想不一定完全相同，但是只要有相似之处，就能感受到幸福和意义。孩子的梦想也是如此，梦想是人生的指南针或灯塔，它不是绝对的，它只是为我们的人生提供前进的方向。

"你做什么的时候会感到幸福呀？"

自主性和固执鬼

有的孩子看起来很固执，让他做什么的时候闹着不做，不让他做什么的时候却非要做。他们到底为何这样呢？

仔细观察这些孩子，会发现他们的自主性都极强。他们无法接受自己没有成为主人公。不对，"主人公"这个表达似乎不太贴切。他们不是想成为主人公，而是在接受来自他人的影响时，担心自己受到威胁，从而倍感不安。

这些孩子的"自主性"其实源于强烈的不安。他们只有在自己提议、自己实践、自己决定的时候才会安心，他们很怕外界的刺激，所以他们会固守自己的行事风格，这令他们安心。

可惜的是，孩子这样的心态，在父母眼里却是严重的固执。因此，父母一开始都会尝试说服孩子，最后实在无法理解的时候就会说："你这个固执鬼，你真的是个很奇怪的孩子。我不管你了。"这样一来，孩子的内心会更加不安。如果每次都以这样的形式结束，那么孩子需要帮助的时候，会不好意思开口求助，也无法接受别人的忠告，他们可能会真的变成固执鬼。

即便这样的孩子看起来有些反复无常，也请以平常心对待他，让他能够感受到"啊，就算不那样做也是可以的啊"。当孩子第一次犯倔的时候，我们可以对孩子说："听妈妈说，没关系的，你想试一下吗？"如果孩子还是拒绝，我们应该爽快地点点头说："好，知道了，妈妈不强迫你。但是以后如果改变主意，随时跟妈妈说。"只有这样，孩子以后再遇到类似的情况，才能用平常心对待。

当孩子固执地说不要做，但随后又说要做的时候，我们可以对孩子说："好，就遵循你内心的想法去做吧。"请不要像这样驳斥孩子："刚刚让你做你不做，现在不行了。""你该做的时候不做，以后再说吧。"

父母经常把"你那时候不是那样吗？"挂在嘴边，用过去的事情数落孩子。虽然我明白父母是想严厉地教育孩子，但是这个年纪的孩子只会觉得父母在贬低自己。几个小时前、几分钟前发生的事也是如此，我们要尽量避免用罗列孩子"罪状"的方式教育孩子。

我们应该一直把重点放在"孩子最终做到了"上。"哇，做得真棒，自己一个人也完成得很好呢。下次也按妈妈说的做一次吧。"像这样，在愉悦的气氛中结束对话就可以了。许多父母在这里"刹不住车"，最终免不了和孩子吵架，其实是因为父母自己忍受不了孩子这副样子。

有个上小学的孩子被人说成固执，他来咨询的时候，我对他说："你主动要求做什么的样子很帅，有个词叫'自主性'，就是形容你的。"听到我这样说，孩子瞪着圆圆的眼睛问我："真的吗？"我说："是的，'自主性'这个词你也听过吧？自主性强是一件很厉害的事情。自主性强的人对自己的事情有主人翁意识，总是自己决定、自己实践、自己担起责任。但如果不是由自己亲自来做，心里可能会很不舒服。"孩子对这一点表示同意。我继续对孩子解释道："这也不是坏事，但是如果太夸张的话就会变成固执，再严重一点的话，就要在后面加个'鬼'字，固执鬼！"孩子听了哈哈大笑，此时，孩子的心情已经放松下来，甚至对我吐露心声："我妈妈每天都叫我'固执鬼'呢。"我给孩子提建议道："一切都要适度，你有一点点过度了，自主性本来是好的品质，你做得很好，但要克制自己，不要变成固执鬼。"孩子们听了，都能接受这样的解释。

我们在教育孩子的时候，需要掺杂一些幽默风趣的语言，然后按照事实去讲，孩子们的兴奋、怒火和不安才能消解。当孩子内心平静时，才能更好地接受一切。

"没办法了，有什么就玩什么吧。"

"哎呀，少了一块，拼不起来了。"孩子生气地推倒了积木块。医院的游乐区里有好几个孩子在玩，经常找不到小的积木。孩子正在找的是一块人头模样的积木。

我问孩子："嗯，这一块不能单独买吗？"孩子突然生气地说："不能！请再买一套新的放这里吧。"我又问孩子："那么其他的积木里也没有这一块吗？"孩子看起来很不耐烦，他又继续摆弄着积木块，对我说："有是有，这一套里缺胳膊那块。"于是我提议道："这样啊，那先用有的那块人头填补一下这里的空吧。"孩子听后发出一声短叹。

我们可以这样对孩子说："没办法了，这里还有很多其他玩具，有什么我们就玩什么吧。我们总不能因为缺了这一块，再买一套新的吧。"孩子像是死心了似的，把不成套的头和身体拼在了一起。

我们像这样语气平和地跟孩子说完，大多数孩子会叹一口气，说一句"好吧"。在家里经常会发生类似的事件，此时我们应该说"找找吧，应该在家里"，然后帮助孩子一起找。如果还是找不到，可以这样对孩子说，请出声朗读一下吧：

> "没办法了，有什么就玩什么吧。"

　　我们也要教孩子学会死心，死心并不等于放弃，而是要懂得"我想要的也并非都能如愿"。只有死心了，才能接受眼前的状况。只有这样才能发展到下一个阶段。此时需要注意的是，父母不要一味地责怪孩子任性而冲他们发火。

"很着急吗？"

有的孩子在大人们对话的时候很等不及，我们应该对这些孩子说什么呢？"等一下，等大人们把话都说完。"

当然，我们也需要问问孩子："很着急吗？"大部分孩子都会回答"很着急"。我们首先要听孩子诉说，然后自行判断是否紧急。如果事情并不着急，我们可以对孩子说："等一下。爸爸妈妈得赶紧把这件事聊完，你等一下。"

请出声朗读一下吧：

"很着急吗？"

但是即便这样问了，有的孩子还是会一边喊着"爸爸，爸爸"，一边叫嚷着闹脾气。在对话结束之前，请不要给孩子任何反应，不必反复强调"我说了'等一下'"，也不必发火大喊"安静点"，也请不要用很可怕的语气朝孩子大吼，这些都是在给孩子反应。只说一句"等一下"，之后不论父母有多闹心，都应该抵抗住孩子的各种反应。

等大人们的对话都结束后，就可以对孩子说："来，现在我们来聊聊吧。"这样一来，孩子就能明白，事情有轻重缓急的次序。他们就能懂得："在不同场合会有不同的紧要的事情，应该先去处理更紧要的，爸爸妈妈不是不重视我。"

父母应该把孩子放在第一位，但这只意味着父母把孩子当作最珍贵的存在，而不是永远把孩子放在"做事顺序的第一位"。

"据说，不去理会她最好。"

有的孩子害羞的时候脸会皱成一团。很久没去爷爷奶奶家的小孩子，在爷爷奶奶面前做出了那种表情。此时，孩子的内心世界并不是在说"好烦"，而是在说"好害羞"。但是老人看了孩子这副表情却可能会心生不悦，此时需要父母出来帮忙解围。

"啊，你有点害羞吧，太久没见到爷爷奶奶了，有点害羞是吧？其实她说特别想爷爷奶奶来着。"孩子听了父母的话，更加觉得难为情，反驳道："我哪有？我什么时候说了？"此时，请父母不要动摇，请继续说："你不是一直盼着今天来爷爷奶奶家吗？这孩子就是这样，比较害羞，等过一段时间就

好了。"爷爷奶奶可能会有些郁闷，此时，你可以这样说，请出声朗读一下吧：

"据说，人害羞的时候，

不去理会她最好。给她点时间吧。"

这句话是说给长辈听的，也是说给孩子听的。孩子会非常感激了解自己内心世界的父母。但是父母也不能对孩子的这个毛病置之不理。等回到家后，我们可以这样对孩子说：

"妈妈知道你很不适应。现在虽然觉得很难，以后长大了就会好了。你不能只和爸爸妈妈一起生活啊。虽然你是因为害羞才皱眉头，但人们会误以为你讨厌他们。你要努力用人们能接受的方式去表达内心的情绪。"

"明天开始，你要自己带哦。"

孩子不久前开始戴眼镜了，但去上学时却把眼镜落在了家里。妈妈担心孩子看不清黑板上的字，便跑着去给孩子送，幸好在孩子到达学校之前把眼镜送到了孩子手里。这时候，妈妈应该对孩子说什么呢？

请出声朗读一下吧：

> "明天开始，
> 你要自己带哦。"

只嘱咐这句话就足够了。在我们的日常生活中，忘记带眼镜是一件多么寻常的小事啊，没有必要再提了。

但也有的父母喜欢小题大做，在孩子早晨上学时发脾气，等孩子回到家里继续唠叨，甚至以后每天早晨都要拿这件事取笑孩子。请不要这样，小事就请云淡风轻地解决。

小事不放在心上，孩子就会发生改变吗？有可能不会。但是从长远来看，这的确是更好的方法。

孩子不刷牙就睡觉、不洗手就吃饼干，这都是些极小的事情。并不是要父母不管这些小事，但是请根据事件的大小调整自己反应的程度。

Chapter 6
120

"妈妈现在还没准备好和你说话。"

在教育孩子的过程中，有时候看到孩子生气的样子，父母会更生气。在这种情况下应该怎么做呢？

首先要肯定你在生气这一事实，但不能只停留在这一步。从孩子的角度出发，他的确有生气的道理，但为什么你看到他的样子也会生气呢？你应该好好想想这个原因。

在生气的时候，我们不能和孩子对话，需要让我们的内心情绪冷却下来，十五秒钟就够了。深呼吸或是从一数到三十、听听歌等都是让自己冷静的好办法。根据你生气的程度，或许出去散散步也是个好方法。

为了不让自己内心的小火山喷发，我们需要静静地找寻让自己冷静的办法。如果试了多种方法心情依然无法平缓，那就之后再教育孩子吧。你可以对孩子这样说，请出声朗读一下吧：

> "妈妈现在还没准备好和你说话。一会儿我们再来讨论这个问题吧。"

324

我那喜欢臭美和显摆的孩子

有个六岁小女孩的妈妈说，孩子总爱在朋友们面前臭美和显摆，她很担心其他小朋友会不喜欢她的女儿。

不需要别人夸奖漂亮和聪明也认为自己真的很不错的心态是值得肯定的，这种想法会成为人生中珍贵的底气。当然，这样的孩子往往都很自信。但是，在别人面前过度炫耀自己"我好棒啊"或是"我好漂亮"，就是另一种问题了。从社会性的角度来看，这种行为其实是缺乏人际敏感性的表现，即不考虑自己在说这番话时他人的感受如何。一不小心，真的会如父母担心的那样，和同龄人之间的关系可能会出现问题。

这种情况下，父母会很为难，毕竟也不能对孩子说"说实话你没有那么漂亮"或是"你没有那么棒"，最好也不要说"再这样你的朋友们都不喜欢你了"或是"人们都不喜欢爱显摆的人"。

当孩子说"我很漂亮，我真的很漂亮"的时候，你可以这样对孩子说："是啊，妈妈觉得你是全宇宙最漂亮的，但是在公共场合最好不要说这句话。"孩子可能会反问理由，你可以回答："因为有的人觉得自己不够漂亮，你在大家面前炫耀自己漂亮，那个人可能会很伤心。所以以后和大家在一起的时候，最好不要过多地谈论关于你自己的话题。"

听了这些话，有的孩子可能会问："那发言呢？"

你可以回答："发言的时候，给你多长时间你就说多长时间。"

平时在和孩子交流的时候，请不要把谈话的重点放在外貌上。比如，孩子想穿一件华丽的公主裙去幼儿园，此时，我们可以这样教孩子："这件真漂亮，很适合你。但是你在幼儿园里又要跑跑跳跳，又要学习，应该穿便于活动的衣服。这件衣服穿去幼儿园并不合适，但是下次去给奶奶过生日时，你可以穿这一件。"

那么，当孩子说"我真的很棒"时，我们应该如何应对呢？情况是相似的，我们可以这样说："没错，很棒。我觉得你努力练习的样子很棒。但有的孩子却不顺利，他们听你夸自己很棒，可能会很伤心。你有必要考虑到这一点。在发言的时候，要注意不能说太多你个人擅长的事情，和别人交谈的时候，也要注意说话的时长要与其他人保持一致。"

如果孩子问："那如果别人问我'你擅长这个吗'，我该怎么办呢？"

你可以这样回答："如果别人问你，你就大方地亮出自己的意见。此时你可以说'我觉得我挺擅长的'或是'有时候很擅长'。"

我们有必要教给孩子"one of them"的概念，也就是每个孩子都是集体中的一员。每个孩子都是全宇宙唯一、特别的存在，这一点虽然在任何情况下都不会改变，但是并不意味着在任何情况下他们都能受到优待。这是社会性发展的过程中非常重要的一点。

"你遇到什么不顺心的事了吗？"

　　有的孩子很喜欢啃指甲，啃到指甲都快秃了。此时，很多父母会指出问题所在，然后凶巴巴地开始单方面的训斥。这样一来，相当于父母在围绕孩子的毛病与孩子对抗。我们常常与孩子正面交锋，指出他们的问题，甚至批评、训斥他们，有时还会下达命令和指示。在这样的对决中，孩子也不想输，这不是出于某种意图，而是出于本能，所以他们很难乖乖听父母的话。

　　在我们与孩子"对决"的过程中，孩子是很难改正自身的毛病的，只有父母和孩子形成相互协作的关系，成为并肩作战的队友，孩子才能顺利地改正自身毛病。

　　那么，我们怎么才能和孩子并肩作战呢？我们需要站在孩子的角度去体会孩子的难处。

　　你可以这样说，请出声朗读一下吧：

"××啊，你看你的指甲都劈了，还出了血，应该很疼吧。你啃指甲是因为遇到什么不顺心的事了吗？"

孩子点点头。你可以这样对他说，请出声朗读一下吧：

"但是一直啃指甲解决不了问题，还会伤到自己，你说对吗？"

大多数孩子都会同意并认可这番话。

"你打算怎么做？"

　　没有人能够强制他人做或者不做某事。不论父母怎么阻止，孩子的坏习惯也不是一两天就能改过来的。在这个世界上，只有一个人能够改变孩子的坏习惯，那就是孩子自己。因此，面对孩子的坏习惯，父母应该和孩子并肩作战。当孩子承认自身的问题所在时，你可以这样对孩子说，请出声朗读一下吧：

> "这个问题必须要改，
>
> 你打算怎么做？
>
> 我想听听你的意见，
>
> 有能帮忙的地方爸爸妈妈来帮你。"

　　这样一来，孩子就成了改正坏习惯过程中的中心，而父母成为辅助。孩子认识到自己是这件事的主角，心态也会更加平和。

　　这一过程反反复复，孩子的自信心会随之增强。父母和孩子并肩作战，虽说并不能一次就把坏习惯彻底改过来，但孩子可以学到很多东西。发现问题时，父母和孩子齐心协力一起想办法解决。在这一过程中，孩子学会了共同努力。最重要的是，孩子不再避讳寻求父母的帮助，也能够更加轻松地接受父母的帮助和建议，并且自身的责任感也会增强。

但是，即便有父母的帮助、孩子的积极努力，根深蒂固的坏习惯可能也不易改正。此时，孩子和父母都会有些气馁。这时，请告诉孩子，正如人和人的感受与想法不同，每个人要使用的方法也不一样。我们应该鼓励孩子，一种方法没有收获好结果，就采用其他方法。

在这一过程中，父母需要保持高度的耐心，耐心地给孩子解释、等待。第二天继续和孩子并肩作战，一起努力，不断地去重复改正坏习惯的过程。

"没有别人的允许，不能碰别人的东西。"

孩子未经他人允许，把他人的东西带回了家，这该怎么办呢?

在孩子的成长过程中，这种事情是很常见的。这是因为孩子现在还没有真正了解"所属"的概念，他们还没有形成一定的控制力，去压抑看到东西就想拥有的本能。

但问题在于孩子把东西拿回家后，不同的处理方式会使得孩子的道德观念、自信程度、与父母的关系产生天壤之别。

首先，我们应该先听听孩子怎么说。在听完整个故事之前，不要对孩子发火或是生气，这样反而会刺激孩子说谎和狡辩。请用轻柔的语气，简洁明了地告诉孩子，这个行为是错误的。

请出声朗读一下吧:

> "爸爸妈妈都很爱你，但是下次不可以故意把不属于你的东西带回来。没有别人的允许，不能碰别人的东西。"

孩子带回来的东西必须物归原主。如果是从朋友家里拿回来的，你应该和孩子一起还回去；如果是从商店里拿回来的，你应该带他一起回去结账，并要求孩子道歉，等孩子完成这件尴尬又难堪的事情后，记得夸一夸他。

发生这种事后，父母需要自我反思一下：是不是给孩子的零花钱比同龄人少？是不是平时给孩子买玩具和其他用品时太过吝啬？请反思一下自己的言行举止有没有给孩子传授了不正确的道德观念。请反思一下自己有没有把公司的东西带回家用，或是找零的时候顺手多拿点钱放进口袋里。孩子永远都在注视着你。

"它会活在你的心里。"

　　最近很多人养蜗牛、仓鼠、寄居蟹、金鱼等作为宠物。这些小动物的寿命很短，可能没养多久就死了。这时候，孩子会悲伤地痛哭。人对死亡有一种本能的恐惧和害怕。为宠物的死感到可惜和悲伤是一种正常的感情流露。遗失了珍贵物件尚且要难过几分，一起生活的宠物死去，孩子该有多难过啊。此时，我们应该如何安慰孩子呢？我们可以这样说，记得把自己家小宠物的名字替换进去："××也会很想你的，你也很想它吧。想它的时候就说'××啊，你好吗'，如果很想它，咱们不是给它拍了照片吗？就看看它的照片吧。"一边安慰，一边拿出宠物的照片给孩子看，一起回忆道："这时候它还在这样摇尾巴呢！"你还可以这样对孩子说，请出声朗读一下吧：

"虽然××离开了我们，但你爱它的心还在，它会活在你的心里。"

"它会活在你的心里。"

"妈妈真的错了，对不起。"

就算是制定好了规则，根据规则动手打孩子的做法也不是教育，而是暴力。如果你动手打了孩子，该怎么办呢？你需要真心实意地向孩子道歉。你可以问问孩子："你打弟弟的时候，妈妈打了你，你很难过吧？"孩子如果点头，我们可以接着问："哪里疼啊？当时是不是很害怕呀？是不是不喜欢妈妈了？对妈妈失望了吧？"问完之后，请倾听孩子内心最真实的回答。也请把动手打孩子时的内心想法袒露给孩子听："妈妈当时对你很生气，但是并不是讨厌你，父母是绝对不会讨厌自己的孩子的。"然后请向孩子道歉，请出声朗读一下吧：

> "我冷静下来想了想，也不至于生那么大的气。我应该多给你几次机会，虽然你做得不对，但我也不该打你。妈妈真的错了，妈妈非常后悔，对不起啊。"

孩子可能会顶嘴："妈妈每次都这么说，但还是会打我。"在这种情况下，请不要和孩子争论"你要是听话妈妈会打你吗"，你只需要承认就好了："对，妈妈也会有做错事的时候。"只有父母敢于承认自己的错误，孩子的心灵创伤才能愈合。你可以饱含真情地对孩子说："没错，虽然妈妈是大人了，但妈妈也有要拼命努力做好的事情，有时候就算竭尽全力，可能还是做不好，我还要继续努力。"

动手打孩子是一种攻击行为，无论是出于什么意图，父母打孩子的举动都是一种攻击。除此之外，还有很多可以教育孩子的好的方法。请记住，当孩子被打后，比起铭记疼痛改正坏习惯，更多的是会记得当时的害怕和羞耻感。想让孩子的心灵创伤痊愈，父母必须勇于承认自己的错误。最重要的是要让孩子感受到"原来妈妈也觉得打人是不对的啊"。

有效的指令

　　我们反复强调过，在支使孩子做什么的时候应该怎么说。但是比起书里的文字，实际沟通中要说的话通常更多。为了帮助理解，我们来详细探讨一下实际生活中与孩子沟通的例子。

　　有个五岁的孩子，父母抱怨她很不听话，只要有一点不合心意就会大哭大闹。但是我们见面后，我意外地发现她竟然很乖。整体上来看，她的成长状态不错，很听话，某些行为被制止的时候也没有严重的抵抗情绪，也不是很容易沮丧的孩子。我和孩子聊了很久，然后对孩子说："五分钟后要把玩具收起来。"孩子问我："为什么呀？我还想接着玩呢。"我说："我也很想陪你接着玩，我们真的玩得很开心，但现在我必须得和你的爸爸妈妈聊一会儿。""我也想在这里玩。""嗯嗯，我理解你的心情，但是现在到了我要和你的爸爸妈妈商谈的时间，所以你得出去等一会儿。""我会很安静的。""这不是安静不安静的问题，你能保持安静，我很感谢你，但是现在我要和你的爸爸妈妈聊点事情。"

　　"我可以保持安静的。"

　　"我和你聊天时，你的爸爸妈妈就在外面等着。现在我该和他们聊天了，轮到你去外面乖乖等着啦。在外面等得无聊的话，外面还有其他老师，他们都会陪你玩。"

孩子回了句"知道了"，便从椅子上站起身。可以说，这个孩子的反抗情绪不严重，能够很好地接受我的要求。我对要出去的孩子说："你去把爸爸妈妈叫进来，让他们来我的办公室。"

孩子乖乖答应，但是在她的父母进来时，难题却出现了。孩子跟着父母一起回到了咨询室，她对妈妈说："我要待在这里。"她的妈妈说道："××啊，你快出去等着吧，爸爸妈妈要和吴院长聊会儿天，快出去。""我就要待在这里！""就一会儿，拜托了，出去等着。""我会安安静静的。""我们要聊些私密的事情，你出去等一会儿好吗？快点出去吧。"孩子听后却一头钻进妈妈怀里，开始耍赖："妈妈，咱们出去，咱们走吧。"问题看起来有些棘手，爸爸觉得有些尴尬，便开口道："××啊，和爸爸一块出去吧。"我对这位爸爸说："请您坐下，我们该聊天了。"爸爸坐立难安，我对妈妈说："请您斩钉截铁地告诉孩子让她出去等。"妈妈开口道："×××，出去等我，就等一会儿，快点出去。"妈妈一直是这样的语气，我对孩子说道："××啊，我们不说私密的事，也不会说你的坏话，我和你爸爸妈妈聊的都是怎么帮助你的话题，咱们刚刚不是也约好了吗？""我会保持安静的。""那很好，但是所有的事情都有先后顺序，现在是轮到你出去等的时候了。""我不要！""我知道你不想出去，但没办法，有些事情即便你不想做也不能改变，你现在必须出去等。"但是孩子还是一直嚷着不要出去，所以我又说道："你出去后我们才会开始聊天。虽不是什么秘密，但却是大人之间才能说的话。你不出去的话，咱们就一直等着吧。"孩子还是坚持不出去，妈妈不知道该如何是好，手足无措地掏出了手机，我提醒她什么也不要做。五分钟之后，我又对孩子说："××啊，你该出去了。这样我们才能开始聊天，我们不能一直等下去，希望你能自觉出去。后面还有其他要进行咨询的人呢，现在会有其他老师进来把你带出去，你必须跟老师一起出去。"过了一会儿，其他老师走进来，要把孩子带出去，孩子起初大喊着不出去，但接着便和老师一起出去了。在我和家长谈话期间，她都在门外乖乖地等待着，没有闹脾气。

这种情况着实令人为难，我们深爱自己的孩子，很难给出有效的指令。其实在这种情况下，有效的指令很简单，就是直接对孩子说"你出去等着"。但是妈妈却添加了过多的"快点"或是"一会儿"之类的修饰成分。在这种情况下，重要的不是"快点"和"一会儿"，而是让孩子出去等待。妈妈没有给出直接明了的指示，这种指示并不是在欺负孩子，我们只是在教给孩子与人共处的过程中，必须要学会的"生活秩序"。这种指示，与心情好坏无关，与选择是否令人舒服也无关，哪怕心情不好、选择不尽如人意，也都必须遵守。跟不愿意出去等待的孩子约好给他游戏机、手机、冰激凌，这并不是解决问题的办法，这样处理的话，并不能真的教会孩子道理。当我们对孩子提的要求是为了教他遵守生活秩序时，不能给孩子选择权。孩子说"不要"，其实是想要在当下掌握决定权，"我会保持安静"这句话其实也是一样。他想在自己的能力范围内用自己的方式解决当前的问题。对这样的孩子说"你能出去等吗"，其实是把决定权完全给了孩子。我说不给孩子选择和决定的权利，并不是说我们要压制孩子，只是为了教给孩子，有些事情不是你可以自行决定的，有些事情你必须要服从、遵守。

有些父母可能会担心，这样对孩子提要求会不会过于冷酷，但在刚刚的例子中，我并没有对孩子大喊大叫，也没有怒目而视或是喋喋不休地批评孩子。有效的指令并不是恶言恶语，如果孩子感到害怕，就没法学到任何东西。想要下达有效的指令，你需要记住两点：第一，简明扼要。比如，在刚刚的例子中，父母只需要说"现在该爸爸妈妈和吴院长聊天了，你出去等着"，在前面我们提到过"十字法则"，这里也同样适用。在这种情况下，不需要添加"快点""一会儿"等字眼。第二，当孩子的行为越界，必须明确地告诉孩子应该怎么做。在我们下达某种指令后，要等孩子哭闹完，有的孩子可能要闹个四十分钟，但这个孩子不一样，她已经明白了当前的状况。现在只要给她时间，让她自行做决定并付诸行动，让她按照指令去做就好了。我们要教给孩子，生活中很多事情都是有"界限"的。

"那你并没有做错什么呀。"

　　有个快上小学的孩子说非常不想去上学。我问他原因，他说："同学们都说老师很吓人，会凶我们。"我接着问："老师什么时候会凶你们呢？"孩子仔细想了想，说道："我们打架的时候？说谎的时候？"我说道："原来如此，那么你经常说谎吗？"孩子摇摇头表示否定，我又问道："那你经常和别人打架吗？"孩子还是摇摇头。于是我对孩子说："那你不会被老师凶的。"孩子听后表情瞬间放松下来。请出声朗读一下吧：

> "那你并没有做错什么呀。"

　　通常，当幼儿园的孩子升班时，或者准备上小学时，经常会说这样一句话："老师好吓人，不听话会被狠狠地批评。""你连这都不会，没人愿意和你玩。""你连这个都不吃，个子怎么赶得上同学？"诸如此类的话会给孩子带来巨大的恐慌。虽然有必要提醒孩子注意，但是请不要吓唬他们。他们还未曾亲身

343

体验到，却已经产生了不想去上学的想法。我们应该多讲一些上学时有趣的事情，孩子心情放松了，才能更好地适应学校生活。要让孩子对学校形成积极的看法，这样他们才能更容易融入学校生活。

"这个都能做好，那个也能做好的！"

"哪有你这样的哥哥？你这样弟弟们都会嘲笑你，你去了学校成绩会垫底，像个傻瓜似的。"孩子们能理解这些话的含义吗？小孩子并不能理解带有否定意味的谚语和反讽，因为他们的大脑还未发育到这个程度。因此，跟孩子说话的时候请不要拐弯抹角，请直截了当地告诉孩子。想让明年就上小学的孩子好好学习的话，请对孩子说："上学之前，要学会这些。"担心孩子去危险的地方玩耍，请对孩子说："不要去，会摔下来。"孩子没办法预测现在的行为会对以后产生什么影响，就算父母告诉他们，这对他们来说也是很难理解的"知识点"。因为在他们的脑海里，还未发生的事情只能通过想象来接受。

父母的脑部已发育成熟，可以预测行为的结果，但是孩子的脑部还未发育完全，他们很难消化父母传授的这部分知识。如果父母说话还要转弯抹角，孩子就更难理解了。再加上父母总喜欢说一些极端的谚语或反话，传达一些消极的情绪，比起"以后会变好的"，父母更常说"以后可怎么办啊"，这样一来，孩子对未来抱有的不是期待，而是不安，不是雄心勃勃，而是丧失斗志。在跟孩子说话时，请注意不要使用消极的谚语和反话，也不要过多地批评或批判。你可以这样对孩子说，请出声朗读一下吧：

"这样做没错。所以就这么办吧！"

"你不是很擅长这个吗？

这个都能做好，

那个也能做好的！"

"其实圣诞老人并不存在/圣诞老人
一定会来的！"

有一件事情会让父母隐约觉得有些为难，不知该如何对孩子说。那就是关于"圣诞老人"的话题。父母究竟应该对孩子说有圣诞老人，还是说没有呢？答案是，要根据孩子的想法灵活变换答案。对于相信圣诞老人存在的孩子，我们没有必要神情严肃地说"这世上根本没有圣诞老人"，而对于不相信圣诞老人存在的孩子，我们也没有必要开玩笑说"圣诞老人的确存在"。

当孩子问："妈妈，圣诞老人真的存在吗？"我们可以先问问孩子为什么会好奇这个问题。孩子回答说："我朋友的妈妈说不存在。"在这种情况下，你可以这样回应，请出声朗读一下吧：

> "是的，其实圣诞老人并不存在。
> 但是世界上有很多生活困苦的人，
> 每到年末他们会更加艰难、孤独，

347

为了让人们互相关爱、互相帮助，

让他们感到温暖，

人们才创造出了圣诞老人。"

当孩子听说"圣诞老人不存在"时，我们没有必要说"不对，圣诞老人真的会顺着烟囱来到家里"。反之，如果孩子相信圣诞老人真的存在，并且问道："圣诞老人真的会来吗？我好激动啊！"我们可以这样对孩子说，请出声朗读一下吧：

"当然了，他一定会来的！"

孩子终有一天会懂得，世界上没有圣诞老人，但到那时，并没有孩子会觉得"父母竟然一直在骗我"，大多数孩子都是在成长的过程中自然而然地明白这一点的。但是请注意，有的家长会说"相信就能得到礼物，不相信就得不到礼物"，我认为这是最不合适的答案，这会让孩子混乱不堪。

"你过去一年表现得很好。"

　　我会问十二月前来咨询的孩子们一个问题："不久之后就是圣诞节了，你觉得自己会收到礼物吗？"有一个孩子听了我的问题突然说："吴院长，请给我一张纸吧。"然后他就一边在纸上演算，一边嘟囔道："7-2+3+4-1……"突然，他对我说："好像可以收到！"原来他是在把自己做得好的事情和做得不好的事情换算成数值，来计算过去一年的得失。那么，为什么孩子不敢在一开始就堂堂正正地回答"当然能收到了"呢？这让我觉得有点可惜。

　　当孩子问你"妈妈，我能收到礼物吗"的时候，希望你可以这样回答他："之前不是说了，乖小孩会有礼物。虽然这个'乖'很难定义，但是在妈妈眼里，过去的一年间，你身体健康，和爸爸妈妈相处得很好，多数情况下，和朋友们也能和谐相处，虽然偶尔会和弟弟争吵，但也经常帮忙照看弟弟。妈妈觉得你过去一年表现得很好，这一年妈妈很感谢你，你一定会收到礼物的！"

　　请出声朗读一下吧：

> "妈妈觉得你过去一年表现得很好，这一年妈妈很感谢你，你一定会收到礼物的！"

孩子也可能会想起自己做得不好的事情，然后问你："可是，我早上去幼儿园迟到过，也和弟弟打过架。"这时，你可以这样对孩子说，请出声朗读一下吧：

> "人都有犯错的时候，从整体上来看，你在好好地长大呢。"

你可以回顾一下孩子过去一年的表现，然后对孩子说"你真的是个很棒的孩子"，这样不仅可以提升孩子对父母的信赖，还能增强父母自己的洞察力。但是请注意，并不是一定要说"你真的是个很棒的孩子"，你也可以列举一些孩子具体的表现，比如："从……来看，你真的做得很好！"请好好想想，自己的孩子过去的一年间有什么值得夸奖的表现。怎么样？孩子是不是已经做得足够好了？其实不仅是孩子，作为父母的你，也已经足够优秀了。

"你是花朵，是星星，是春风。"

你还记得自己刚怀孕时的场景吗？我记得那时候，孩子让我想到了花香，心情就像是漫步在巨大的美丽花田中，花的香气扑面而来。赤足踩在松软的泥土上，无与伦比的清甜香气和我撞了个满怀。每当想到我的孩子，就仿佛置身于满目繁星的夜空之下，无数的星星闪着耀眼的光，映照进我的眼眸中。每当想到我的孩子，我的内心就激动不已，像是在温暖的春天，和煦的春风拂过我的脸庞和身体的每个角落，我的全身充盈着一种难以言喻的平静和温暖气息，我的孩子就这样向我奔来，在我的腹腔扎根，成了我身体的一部分。现在我的孩子已经过了二十岁，但是每当我想起他，还是能感受到同样的心情。孩子是花朵、是星星、是春风。你们也是和我一样的心情吗？当你第一次知道自己的身体里还有另一颗心脏在跳动时，是什么样的心情呢？不管孩子此刻是在你的肚子里，还是在你的眼前，请对孩子这样说，请带着自己的感情来朗读一下吧：

"你是花朵，
是星星，
是春风。"

父母是永远不会放弃孩子的

　　有位母亲的孩子被确诊为自闭症谱系障碍，身心备受煎熬。我把桌子上的巧克力曲奇饼干和肉松面包递给她，给她讲述了与饼干和面包有关的故事。

　　从前有个孩子，从上小学一年级开始就来治疗，几天前我又遇见了他。当时，他被确诊为注意缺陷多动障碍的同时，也患上了孤独症谱系障碍，图雷特综合征也非常严重。孩子的妈妈虽然并不富裕，却一直坚持不懈地为他治疗。终于，这个孩子长成了高挑俊朗的二十岁青年。我问他最近过得如何，他回答"我在公司上班了"。这多么了不起……我又问是什么公司，他回答"是制造业公司"。他满脸自豪地说，自己在工作上能够保质保量，也能和同事们友好相处，工资基本都拿去孝敬妈妈，妈妈把这些钱存起来，已经攒了不少。他讲了半天自己的生活，突然对我说："吴院长，我说过会给您买好吃的饼干和面包吧？"那一瞬间，我竟不知如何作答。他虽然一直在我们医院接受治疗，但我们已经很久没见了。他见我没有回应，又重复了一遍："我说过要给您买好吃的面包和饼干。"说完这话，他从包里翻找着什么，然后拿出了两个巨大的纸袋，一个纸袋中装满了肉松面包，另一个纸袋中则盛满了巧克力曲奇饼干。他知道我今天会在咨询室，便直接买了拿过来。"吴院长，您尝尝吧。我说了会买给您的。"我双手接过了两个纸袋，眼泪已经不可抑制地流出来。他对我说："吴院长，这都是用我自己赚的钱买的哦，是我自己赚的！"我流着眼泪，说道："好，××啊，我一定会好好享用的，谢谢你啊。"他明朗地笑着，继续说道："吴院长，下次我还会给您买好吃的。"

听完这个故事，那位母亲什么话也没有说，只是握着我的手，不停地流眼泪。她应该在想："我的孩子以后也能在社会上好好立足吗？他也能和别人和睦相处吗？"

三十多年间，我目睹了太多父母对孩子浓厚的爱意、悔恨和担忧。看着他们哭红的双眼，我再一次明白了父母对孩子的深爱。我拍拍她的肩膀说道："请不要担心，好好接受治疗，你的孩子也会好好生活下去的。"很多父母因为孩子患有先天性障碍或发育迟缓而担忧不已，整日想着："他到底能不能康复呢？"虽然有的孩子的确无法彻底康复，但我们作为父母，无论如何都不会放弃自己的孩子。不管用什么方法，我们都会努力让孩子成长得更好一点，生活得更舒服一点。这样坚持不懈的努力，一定会取得成效，一切都会好起来的。

巧克力曲奇饼干和肉松面包的故事，我想分享给在阅读此书的每个人。